なやみ3と〜る
これで転校はバッチリ！
転校生《てんこうせい》の
なやみ

なやみと～る 3

転《てん》校《こう》生《せい》のなやみ

つぼいひろき・文・絵 ／ 小学校教諭 北川雄一・監修

岩崎書店

はじめに

転校生《てんこうせい》のきみ、この本《ほん》を開《ひら》いてくれてありがとう。

今《いま》、転校前《てんこうまえ》ですか？　それとも、もう新《あたら》しい学校《がっこう》で生活《せいかつ》をはじめているのかな？

いきなりですがこれだけは言《い》っておきます。

きみはスゴイ!!

転校《てんこう》ってまったくちがう環境《かんきょう》に飛《と》びこんでいくことだよね。

中学校《ちゅうがっこう》までの義務教育《ぎむきょういく》が終《お》わると、進学《しんがく》や就職《しゅうしょく》、転職《てんしょく》などで、新《あたら》しい環境《かんきょう》に移《うつ》ることがある。

でもそれは、ほとんどの場合《ばあい》、自分《じぶん》で望《のぞ》んですることだ。

一方《いっぽう》、転校《てんこう》は、ほとんどの場合《ばあい》、自分《じぶん》の意思《いし》には関係《かんけい》なく決《き》まる。

これってスゴイ経験《けいけん》なんだよ!!!

RPG《アールピージー》（roleplaying game《ロールプレイングゲーム》の略《りゃく》）だったら、

それだけでレベルが10くらい上《あ》がると思《おも》う！

どう？ ちょっとワクワクしない？

でも、はじめてのことだらけで、ワクワクよりも不安《ふあん》のほうが大《おお》きいよね。

そこでこの本《ほん》では、転校《てんこう》を経験《けいけん》した先輩《せんぱい》たちにたくさん話《はなし》をきいて、

転校生生活《てんこうせいせいかつ》で起《お》きそうなことや、なやみを解決《かいけつ》するためのヒントを集《あつ》めました！

ナビゲーターの「てんこう虫《むし》」とともに、

ひとつひとつ、困難《こんなん》をのりこえていく主人公《しゅじんこう》「ひろと」と「ゆい」の成長《せいちょう》を見《み》ながら、

きみの転校生生活《てんこうせいせいかつ》のヒントにしてもらえたらうれしいです！

もくじ

登場人物《とうじょうじんぶつ》

ゆい

ひろとの妹《いもうと》。小学《しょうがく》3年生《ねんせい》。
兄《あに》と同《おな》じく、はじめての
転校《てんこう》にとまどう。

ひろと

小学《しょうがく》5年生《ねんせい》。ある日《ひ》
とつぜん、引《ひ》っ越《こ》しが決《き》ま
り、東京《とうきょう》から大阪《おおさか》の学校《がっこう》に
転校《てんこう》することに。

その日《ひ》はとつぜんやってくる「転校《てんこう》が決《き》まった!」

なんでやねん!!
アーハッハッハッ!
このギャグ明日《あした》だいちにも教《おし》えてやろう!
ただいま!
ガチャ
楽《たの》しそうだな
おかえり! おわらい見《み》てたんだ
おわらいと言《い》えば、8月《がつ》から大阪《おおさか》に転勤《てんきん》が決《き》まったぞ
え?
転勤《てんきん》? ってことは転校《てんこう》するってこと!?

そういうことになるな……
プシュッ
ビール
大阪《おおさか》ってことは「なんでやねん！」とか言《い》う人《ひと》がいるのかな……？
まさか！それはテレビだけの話《はなし》……
ビール
ではない！
当然《とうぜん》、みんな関西弁《かんさいべん》を話《はな》すぞ～本場《ほんば》のたこ焼《や》きはおいしいし！
特大《とくだい》の遊園地《ゆうえんち》もあるぞ！子《こ》どもだしすぐに学校《がっこう》で友達《ともだち》もできるだろ！
ガッハッハ！
なんてお父《とう》さんは言《い》ってたけど……だいちとお別《わか》れだなんて……
転校《てんこう》なんてはじめてだし不安《ふあん》だよね
オレにまかせろ！
ブ
ん？
てんとう虫《むし》？

ぼくは転校慣《てんこうな》れした
てんとう虫《むし》……
その名《な》も
てんこう虫《むし》!
きみたちの
転校《てんこう》を
サポートしに
来《き》たぞ!
お願《ねが》い
します!
スタッ
さっそく
なんだけど……
転校《てんこう》って
どんな感《かん》じなの……?
よい質問《しつもん》だ
転校《てんこう》とは
ズバリ……
ダーン
転校生《てんこうせい》の数《かず》だけ
転校《てんこう》はある!!
えー!?

うむ！
引《ひ》っ越《こ》す地方《ちほう》によって
文化《ぶんか》はちがうし、
そこにいる先生《せんせい》や
生徒《せいと》によって
変《か》わってくるのは
とうぜんなんだ！
つっ
じゃあ
どうすれば……
でも共通《きょうつう》の
出来事《できごと》やなやみ、
そしてコツみたいな
ものはある！
へー
この本《ほん》では
転校《てんこう》の基本的《きほんてき》な流《なが》れと
転校経験者《てんこうけいけんしゃ》の体験談《たいけんだん》を
たくさん紹介《しょうかい》するよ！
きみたちが
これから出会《であ》う
出来事《できごと》のヒントに
してほしい！
うん！
わかった!!

転校《てんこう》が決《き》まった、ひろととゆい。
友達《ともだち》はできるのかな？
方言《ほうげん》ってほんとにあるの？
給食《きゅうしょく》はおいしいかな？
はじめてのことばかりで右《みぎ》も左《ひだり》もわからない！
期待《きたい》もあるけど不安《ふあん》のほうがいっぱい!!
ひろととゆいの転校生生活《てんこうせいせいかつ》は
どうなるのでしょうか？
きみもいっしょに転校生生活《てんこうせいせいかつ》をのりこえよう！

第《だい》1章《しょう》

転校《てんこう》が決《き》まったら……!

転校《てんこう》までの流《なが》れを知《し》ろう！

転校《てんこう》が決《き》まったけど転校《てんこう》する日《ひ》までってどうやってすごすの？
うんうん
学校《がっこう》によってちがうけど転校《てんこう》までのだいたいの流《なが》れを紹介《しょうかい》するよ！

保護者《ほごしゃ》
がんばるぞー!!

転校《てんこう》が決《き》まる

保護者《ほごしゃ》が子《こ》どもに伝《つた》える

えーっ!!
転校します！

学校《がっこう》

友達《ともだち》

習《なら》いごと

保護者《ほごしゃ》が、もしくは自分《じぶん》で習《なら》いごとの教室《きょうしつ》に伝《つた》える

これはひとつの例《れい》だよ！

保護者《ほごしゃ》が学校《がっこう》に報告《ほうこく》

担任《たんにん》の先生《せんせい》がクラスのみんなに伝《つた》える

自分《じぶん》で友達《ともだち》に伝《つた》える

転校《てんこう》までは今《いま》まで
どおり学校《がっこう》に通《かよ》う

教室《きょうしつ》や自分《じぶん》の都合《つごう》に
合《あ》わせて通《かよ》う

転校《てんこう》！！

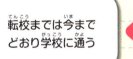

どうやって友達《ともだち》にきりだしたらいいの？

夏休《なつやす》み楽《たの》しみだな！
う、うん…
転校《てんこう》のこと言《い》わなきゃ…
秋《あき》には野球《やきゅう》の大会《たいかい》があるからな！
一生懸命《いっしょうけんめい》練習《れんしゅう》して優勝《ゆうしょう》しようぜ！
えっ、いや、あの、その……
たっ、楽《たの》しみ……だね……
じゃ、また明日《あした》！
あんな目《め》されたら転校《てんこう》のことなんて言《い》えないよ～
てんこう虫《むし》！どうしたらいいんだよ～！

アドバイス

ポイントは、話《はなし》のきっかけづくりとタイミング！

話《はなし》のきっかけづくりになる言葉《ことば》を使《つか》ってみよう

じつはさ…

とつぜんなんだけど…

ぼくも（わたしも）びっくりしたんだけど…

すごくさみしいんだけど…

タイミング

学校《がっこう》の登下校時《とうげこうじ》

行《い》き帰《かえ》りがいっしょの友達《ともだち》にはこのタイミングで！

とつぜんなんだけど…

てんこうします
こくばんにかくのもおもしろい♪

借《か》りていたものをかえすとき

じつは……ときりだしてみよう！

これありがとう…
じつはさ…

わいわい楽《たの》しくしゃべっているときより、会話《かいわ》がとぎれて静《しず》かになったときのほうがきりだしやすいよ！

遊《あそ》んでいるとき

学校《がっこう》の休《やす》み時間《じかん》でもいいけど、公園《こうえん》や家《いえ》で遊《あそ》ぶときのほうがゆっくり話《はな》せる。遊《あそ》びを休憩《きゅうけい》しておやつを食《た》べているときは言《い》いやすい！

びっくりしたんだけど…

転校前《てんこうまえ》に思《おも》い出《で》を残《のこ》そう!

この家《いえ》とも おわかれに なるのね〜
なんか実感《じっかん》 わかないな〜
それも そうだよね!
でも、この家《いえ》には もうもどって こないかも しれないし、いつか建《た》て かえられたりして 本当《ほんとう》になくなって しまうこと だってあるよ
そ! そっか!
あ、柱《はしら》に身長《しんちょう》の 記録《きろく》が!
すりすり
なんだか、この家《いえ》が いとおしく なってきた……
家《いえ》や、この町《まち》での 今《いま》のくらしの思《おも》い出《で》を 残《のこ》しておこう!

成長《せいちょう》を見守《みまも》ってくれた家《いえ》・町《まち》・友達《ともだち》。大切《たいせつ》な思《おも》い出《で》にしよう！

写真《しゃしん》を撮《と》っておこう!!

自分《じぶん》の家《いえ》を撮《と》る

外《そと》から全体《ぜんたい》を撮《と》ったり、全部《ぜんぶ》の部屋《へや》を撮《と》っておいたりするといいよ。

お気《き》に入《い》りの場所《ばしょ》を撮《と》る

遊園地《ゆうえんち》・公園《こうえん》・図書館《としょかん》 etc.
いろいろあるね。

人《ひと》を入《い》れて撮《と》る

家族《かぞく》や友達《ともだち》と撮《と》ってみよう！

おいしいものを食《た》べておこう！

大好《だいす》きなレストランへ連《つ》れていってもらおう。
地元《じもと》の名物《めいぶつ》を食《た》べておくのもいいね。

友達《ともだち》とたくさん遊《あそ》ぼう！

よく遊《あそ》んだ公園《こうえん》、思《おも》い出《で》の場所《ばしょ》に家族《かぞく》や友達《ともだち》ともう一度《いちどい》行ってみよう！

**転校前《てんこうまえ》に友達《ともだち》に感謝《かんしゃ》の気持《きも》ちを伝《つた》えよう！
はなればなれになっても、きっと友達《ともだち》でいられるよ。**

転《てん》校《こう》先《さき》を調《しら》べてみよう!

これからくらす場所《ばしょ》の様子《ようす》がわかると親《した》しみがわくよ!

なにで調《しら》べる?

行《い》ってみたい場所《ばしょ》、食《た》べたいグルメをまとめてメモしてみよう。保護者《ほごしゃ》といっしょに調《しら》べてもいいね。

図書館《としょかん》

インターネット

旅行雑誌《りょこうざっし》やガイドブック

なにを調《しら》べる?

調《しら》べておくと、転校先《てんこうさき》のクラスメイトとの話題《わだい》づくりにもなるよ!

その土地《とち》ならではの情報《じょうほう》

方言《ほうげん》や名所《めいしょ》、グルメ、人気《にんき》のスポーツチームなど、いろいろあるよ。

公園《こうえん》・遊園地《ゆうえんち》・動物園《どうぶつえん》・水族館《すいぞくかん》など

遊《あそ》べる施設《しせつ》を調《しら》べておくと楽《たの》しみが広《ひろ》がるね。

お店屋《みせや》さん

かわいい雑貨屋《ざっかや》さんやオシャレな洋服屋《ようふくや》さんを調《しら》べても楽《たの》しいかも!

転校前《てんこうまえ》にやっておいたこと

そうた

小学校《しょうがっこう》３年《ねん》で

秋田県《あきたけん》

東京都《とうきょうと》

なかがいい友達《ともだち》と、できるだけたくさん遊《あそ》ぶようにしたんだ。
おたがいの家《いえ》に泊《と》まりっこもした。このときばかりは、ゲームをやりすぎても親《おや》は止《と》めなかったな〜。めちゃくちゃ楽《たの》しかった！　でも、もうすぐはなれるんだと思《おも》うと、ふとさみしくなったりしたな。
今《いま》は、親《おや》の携帯《けいたい》をかしてもらって、ときどき電話《でんわ》で話《はな》してる。はなれていても友達《ともだち》だよ。

じゅん

小学校《しょうがっこう》５年《ねん》で

高知県《こうちけん》

大阪府《おおさかふ》

ぼくは少年野球《しょうねんやきゅう》チームに入《はい》ってたんだけど、野球《やきゅう》を最後《さいご》までがんばったよ。
夏休《なつやす》みに引《ひ》っ越《こ》しだったから、大会《たいかい》のとちゅうでやめることになってしまったのが本当《ほんとう》に残念《ざんねん》だった。こういうときにかぎって勝《か》ち進《すす》むんだよね。
お世話《せわ》になった監督《かんとく》やチームメイトには、最後《さいご》のあいさつでちゃんと「ありがとう」を伝《つた》えられたよ。大会《たいかい》のとちゅうでぬけるから、「ごめんね」も言《い》ったんだ。

ありがとうございました!!
むこうでもがんばれよ！

あおい

小学校《しょうがっこう》6年《ねん》で

北海道《ほっかいどう》

↓

群馬県《ぐんまけん》

友達《ともだち》の家《いえ》に、なかよしグループが集《あつ》まって、サプライズでおわかれ会《かい》をしてもらったの。

いっぱい遊《あそ》んでケーキを食《た》べて、最後《さいご》に、わたしのお気《き》に入《い》りのキャラクターの絵《え》がついた文房具《ぶんぼうぐ》セットをプレゼントしてくれたの。すっごくうれしかったよ！

あとでおかえしに、クッキー3枚《まい》くらいのプチギフトと、小《ちい》さいカードにメッセージを書《か》いてひとりひとりにわたしたの。

グループの中《なか》でこれまでケンカとかもあったけど、なんだかんだでみんなだいじな友達《ともだち》だったな。思《おも》い出《で》をつくれたし、「ありがとう」の気持《きも》ちも伝《つた》えられてよかったよ！

しおり

中学校《ちゅうがっこう》1年《ねん》で

愛知県《あいちけん》

↓

福井県《ふくいけん》

それまであまり友達関係《ともだちかんけい》がうまくいってなかったから、転校《てんこう》が決《き》まったときは不安《ふあん》もあったけど、じつは、うれしかったんだよね。

だから、転校《てんこう》の日《ひ》まで先生《せんせい》にはみんなに言《い》わないでもらって、最後《さいご》の日《ひ》にちょこっとあいさつしただけだった。みんなびっくりしてたけど、わたしは正直《しょうじき》ホッとしたんだ。「脱出成功《だっしゅつせいこう》！」って感《かん》じ。みんなには「きゅうに消《き》えたヤツ」って思《おも》われてるだろうな……。

大好《だいす》きなきしめん屋《や》さんがあって、そのおわかれだけはすごく残念《ざんねん》だった。お母《かあ》さんにお願《ねが》いして引《ひ》っ越《こ》す前《まえ》に5回《かい》も食《た》べに行《い》ったよ！

はると

中学校《ちゅうがっこう》2年《ねん》で

兵庫県《ひょうごけん》

↓

東京都《とうきょうと》

男友達《おとこともだち》5人《にん》で遊園地《ゆうえんち》に行《い》った！

小学生《しょうがくせい》のころから何回《なんかい》かいっしょに行《い》ったことのある遊園地《ゆうえんち》だけど、中学生《ちゅうがくせい》になったから親《おや》なしで5人《にん》だけで行《い》かせてもらえて楽《たの》しかった！

同《おな》じ乗《の》り物《もの》に何回《なんかい》も乗《の》ったり、てんこ盛《も》りのクレープを食《た》べたり！　写真《しゃしん》もいっぱい撮《と》った！

ほんとは女《おんな》の子《こ》もさそいたかったんだけど……。それだけが残念《ざんねん》だったかな（笑《わらい》）。

転校前《てんこうまえ》の状況《じょうきょう》によってそれぞれちがうけど、共通《きょうつう》するのは、
引《ひ》っ越《こ》しまでのあいだに今《いま》できることを一生懸命《いっしょうけんめい》やること、
そして人間関係《にんげんかんけい》を大切《たいせつ》にすること！
なかのよい友達《ともだち》がいる子《こ》はたくさん思《おも》い出《で》を残《のこ》す。
スポーツをやっている子《こ》は、
どうせ引《ひ》っ越《こ》すからと思《おも》わず、最後《さいご》まで一生懸命《いっしょうけんめい》やる。
お世話《せわ》になった先生《せんせい》やクラスメイト、チームメイトにあいさつをする。
そういった行動《こうどう》が転校先《てんこうさき》でも役《やく》に立《た》ってくるよ。
友達《ともだち》とは、電話《でんわ》やインターネットを通《つう》じて
連絡《れんらく》をとり続《つづ》けることもできるし、
数年後《すうねんご》に同《おな》じところへ転校《てんこう》してもどってくることや、
大学進学《だいがくしんがく》や就職《しゅうしょく》がきっかけで友達関係《ともだちかんけい》が復活《ふっかつ》することもあるしね。
転校前《てんこうまえ》の学校《がっこう》でうまくいっていなかった子《こ》の場合《ばあい》はラッキー！
心機一転《しんきいってん》、新《あたら》しい出会《であ》いに期待《きたい》しよう！

日本全国《にほんぜんこく》

絶対《ぜったい》に食《た》べたい！　ご当地《とうち》グルメ

日本全国《にほんぜんこく》それぞれの地域《ちいき》に「ご当地《とうち》グルメ」とよばれるごちそうがあるって知《し》ってる？
昔《むかし》から愛《あい》されてきた「郷土料理《きょうどりょうり》」もあれば、お手軽《てがる》な「B級《きゅう》グルメ」も人気《にんき》だよ。
ここにあげたのはほんの一部《いちぶ》、それぞれの土地《とち》の名物《めいぶつ》をぜひ食《た》べてみてね。

新潟県　イタリアン
トマトソースがけ焼《や》きそば

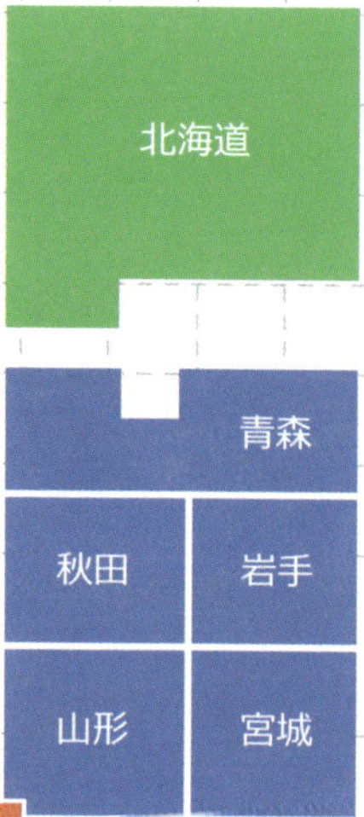

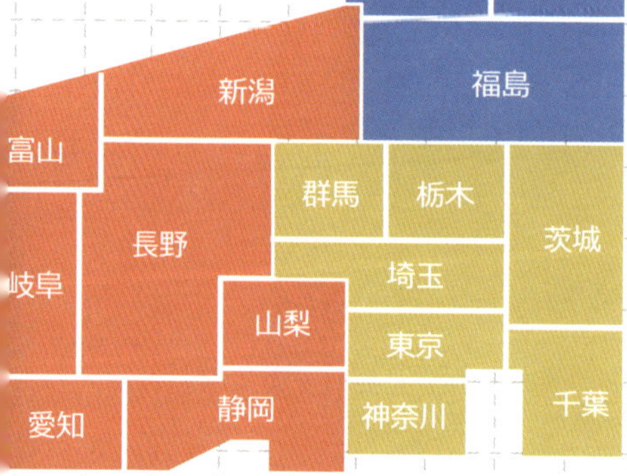

長野県　おやき
おかずを包《つつ》んだ焼《や》きまんじゅう

静岡県　静岡《しずおか》おでん
青《あお》のりやかつお節《ぶし》をかけて

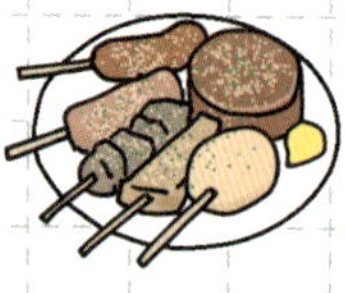

山梨県　ほうとう
太《ふと》くて平《ひら》たい麺《めん》のみそ煮込《にこ》み

秋田県　ババヘラアイス
2色《しょく》のアイスをヘラでもる

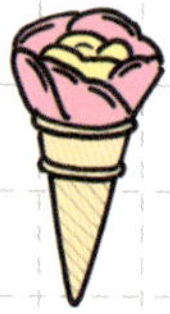

北海道　ジンギスカン
羊肉《ひつじにく》と野菜《やさい》を焼《や》いて

山形県　いも煮《に》
具《ぐ》だくさんの煮込《にこ》み汁《じる》

岩手県　わんこそば
ひと口《くち》そばをがんがんおかわり

埼玉県　行田《ぎょうだ》ゼリーフライ
おから入《い》りおやつコロッケ

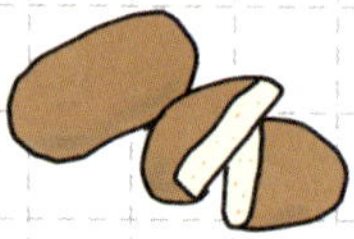

宮城県　仙台牛《せんだいぎゅう》タン
牛《ぎゅう》タンと麦《むぎ》ごはんのハーモニー

東京都　月島《つきしま》もんじゃ
小《ちい》さなコテですくって食《た》べる

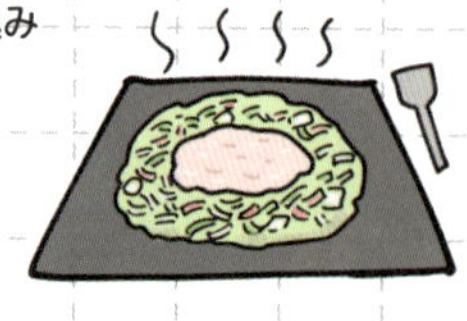

群馬県　焼《や》きまんじゅう
あまいみそダレでこんがり

山口県 瓦《かわら》そば

瓦《かわら》にのったカラフルそば

広島県 広島風《ひろしまふう》お好《この》み焼《や》き

うすい生地《きじ》に具《ぐ》がどっさり

兵庫県 明石焼《あかしや》き

たこ入《い》りふんわり玉子焼《たまごや》き

長崎県 佐世保《させぼ》バーガー

米軍基地《べいぐんきち》から広《ひろ》まったハンバーガー

島根県 出雲《いずも》ぜんざい

紅白《こうはく》もち入《い》りあまいぜんざい

大阪府 串《くし》カツ

いろんな具《ぐ》をひと口《くち》カツで

宮崎県 チキン南蛮《なんばん》

甘酢《あまず》とタルタルソースがかかったからあげ

岡山県 えびめし

えび入《い》り炒《いた》めごはん

奈良県 柿《かき》の葉《は》ずし

柿《かき》の葉《は》でまいたおすし

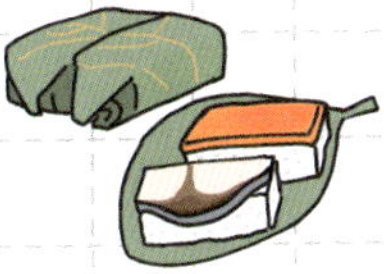

熊本県 太平燕《タイピーエン》

はるさめたっぷり五目中華《ごもくちゅうか》スープ

香川県 さぬきうどん

シコシコ歯《は》ごたえのうどん

三重県 焼《や》きはまぐり

新鮮《しんせん》はまぐりの炭火焼《すみびや》き

鹿児島県 白《しろ》くま

フルーツいっぱいミルクかき氷《ごおり》

沖縄県 タコライス

メキシコ名物《めいぶつ》タコスをライスで

愛媛県 五色《ごしき》そうめん

五《いつ》つの色《いろ》の美《うつく》しいめん

愛知県 味噌《みそ》カツ

あまいみそダレのとんかつ

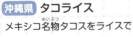

知《し》って得《とく》する方言《ほうげん》

「方言《ほうげん》」というのは、昔《むかし》からその土地《とち》で使《つか》われてきた言葉《ことば》。その土地《とち》ならではの気分《きぶん》や気持《きも》ちがこめられているから、方言《ほうげん》で話《はなし》ができるようになると、友達《ともだち》との距離《きょり》もぐんとちぢまるよ。まずはあいさつからはじめてみよう。

ありがとう

ありがとー…北海道
ありがどーごし…青森県
ありがどがんす…岩手県
ありがどー…宮城県・福島県
かんぼ…秋田県
ありがどさま…山形県
ありがとー…茨城県・栃木県・群馬県・千葉県・神奈川県・広島県・徳島県・香川県
ありがとな…埼玉県
よしくいた…新潟県
きのどくな…富山県・福井県
あんやとー…石川県
ありがとーごいす…山梨県
おかたしけ…長野県
ようしてくんなさったなあ…岐阜県
わりーっけねー…静岡県
おおきに…愛知県・三重県・滋賀県・京都府・大阪府・兵庫県・奈良県・和歌山県・長崎県・大分県・宮崎県
ようこそ…鳥取県
だんだん…島根県・愛媛県・福岡県
ごねんにいりまして…岡山県
しあわせます…山口県
ありんがとー…高知県
おーきにあいがとござんした…佐賀県
ちょーじょー…熊本県
ありがともしあげもした…鹿児島県
にふぇーれーびる…沖縄県

またね、さようなら

さいなら…北海道・青森県・福島県・埼玉県・富山県・石川県・三重県・滋賀県・京都府・大阪府・兵庫県・奈良県・鳥取県・島根県・山口県・長崎県・大分県
あばえ…岩手県
おみょーにち…宮城県
あんばえ…秋田県
んだらまず…山形県
さいな…茨城県
さいなー…栃木県・群馬県
さよならー…千葉県
さよなら…神奈川県・徳島県・香川県・宮崎県
あばよ…新潟県・山梨県
さいなー…福井県
あばな…長野県
あば…岐阜県
そいじゃー…静岡県
さぇーなら…愛知県
さえなら…和歌山県
ごめんしゃー…岡山県
ごめんなさい…広島県
かえってこーわい…愛媛県
ほんならまたね…高知県
これわ…福岡県
そいぎー…佐賀県
ごぶれいします…熊本県
そいならごあした…鹿児島県
またやー…沖縄県

同《おな》じ県《けん》でも、地域《ちいき》によってちがう方言《ほうげん》が使《つか》われていることも。ここに載《の》っているのは一例《いちれい》だよ。

すみません

すんません…北海道・茨城県・埼玉県・富山県・香川県
ぶじょほへした…青森県
おもさげながんす…岩手県
ごめんなー…宮城県・大分県
しかだねぁ…秋田県
われがったなす…山形県
ぼっとなー…福島県
いやぁわりぃねぇ…栃木県
ごめんなんしょ…群馬県
かんにんしたいよ…千葉県
すいません…神奈川県・高知県・宮崎県
かんべんな、かんべんのーぉ…新潟県
かんにんしてくれ…石川県
かんにんしとくんねーの…福井県
かんにんしてくりょー…山梨県
もーしわけねーねー…長野県
わるかったね…岐阜県・愛知県
わりーっけなー…静岡県
すまんなあ…三重県・滋賀県・徳島県
かんにんしとくれやす…京都府
かんにんやで…大阪府
すんまへん…兵庫県
ごめん…奈良県・島根県
すまんよう…和歌山県
すみませなんだ…鳥取県
わるかった…岡山県
すまんこってした…広島県
ごぶれーしました…山口県
こらえて…愛媛県
ゆるしちゃり…福岡県
すまんじゃった…佐賀県
すんましぇん…長崎県
すんまっせん…熊本県
すんもはん…鹿児島県
わっさいびーん…沖縄県

同《おな》じ言葉《ことば》でも県《けん》によってアクセント（話《はな》し方《かた》の調子《ちょうし》）がちがうから、全《まった》くちがう言葉《ことば》にきこえるんだって！

いよいよ引《ひ》っ越《こ》しの日《ひ》。さらば、わが町《まち》！

おーい！ひろと！
見送《みおく》りに来《き》てくれたんだ！
今《いま》までありがとうな！
こちらこそありがとう！
落《お》ち着《つ》いたらお母《かあ》さんのパソコンからメールするね！
うん！夏休《なつやす》みにでも遊《あそ》びにこいよ～！
お～～～～!!

第《だい》2章《しょう》

ドキドキの転校初日《てんこうしょにち》！

期《き》待《たい》と不《ふ》安《あん》が入《い》りまじる新《しん》生《せい》活《かつ》がスタート！

えびすや
ふぐ
たこやき
なにわや
屋
ここが新《あたら》しい町《まち》か〜〜〜！
はい トマト1千万円《せんまんえん》な！
なんでやねん！
お兄《にい》ちゃん！本当《ほんとう》にみんな関西弁《かんさいべん》しゃべってるよ！
エスカレーターでは、みんな右側《みぎがわ》に立《た》ってる！
お母《かあ》さん！ぼくたちここでやっていけるかな……
わたしもびっくりしてる！
ハッハッハッ
お父《とう》さんは出張《しゅっちょう》で何度《なんど》も来《き》てるけど大阪《おおさか》は楽《たの》しいところだよー

ここが新《あたら》しい
家《いえ》だぞ！
前《まえ》は一軒家《いっけんや》だったけど、今回《こんかい》はマンションだから新鮮《しんせん》！
ウィーン
なんにもなくてひろ〜い！
ピンポーン
どうも〜
おーい荷物《にもつ》が届《とど》いたぞ！
さあ！荷《に》ほどきして！
新生活《しんせいかつ》のはじまりよ！
おー!!

新《あたら》しい町《まち》を探検《たんけん》してみよう

いやー! とりあえずこれで生活《せいかつ》はしていけるかな!
なんか雰囲気《ふんいき》が変《か》わって楽《たの》しいね!
おつかれさん!
いよいよ新生活《しんせいかつ》のはじまりだね!
てんこう虫《むし》!
でも思《おも》った以上《いじょう》に環境《かんきょう》がちがってびっくりだよ!
うんうん
これからどういうところで遊《あそ》んだりおやつを買《か》ったりするんだろ……
ふふふ! 知《し》らないことを知《し》るって楽《たの》しいよ!
転校前《てんこうまえ》に時間《じかん》があったら、お母《かあ》さんやお父《とう》さんと新《あたら》しい町《まち》を探検《たんけん》してみよう!

アドバイス

ふだんの生活《せいかつ》で よく行《い》きそうな場所《ばしょ》をチェック！

保護者《ほごしゃ》といっしょに見《み》に行《い》ってみよう

学校《がっこう》

保護者《ほごしゃ》が新《あたら》しい学校《がっこう》へ手続《てつづ》きに行《い》くときに、できるだけいっしょに行《い》って雰囲気《ふんいき》を知《し》っておくといいよ！

担任《たんにん》の先生《せんせい》が
決《き》まっていれば
あいさつできるかも！

子《こ》どもの遊《あそ》び場《ば》

家《いえ》の近《ちか》くの公園《こうえん》、児童館《じどうかん》、図書館《としょかん》など。

これから新《あたら》しい
友達《ともだち》と遊《あそ》ぶかも！
わくわく

生活《せいかつ》にかかせない場所《ばしょ》

スーパー、コンビニ、ドラッグストア、最寄《もよ》りの駅《えき》やバス停《てい》など。

コンビニ24
○○駅

一度見《いちどみ》ておくと、
新《あたら》しい町《まち》での
生活《せいかつ》が想像《そうぞう》できる！
ウムウム

いよいよ転校《てんこう》初日《しょにち》！どんな感《かん》じの一日《いちにち》なの？

明日《あした》からいよいよ新《あたら》しい学校《がっこう》か～
ドキドキするね！
それ、ランドセルだったの！
それでは転校初日《てんこうしょにち》のだいたいの流《なが》れをおさえておこう！
筆箱やノートなど基本的なものは持っていっておこう

これは一例《いちれい》だよ。学校《がっこう》や転校《てんこう》する学期《がっき》によっていろいろな場合《ばあい》があるよ！

START

いざ!!

学校《がっこう》へ

職員室

職員室《しょくいんしつ》であいさつ

しーーん

朝礼《ちょうれい》のあいだ
職員室《しょくいんしつ》か校長室《こうちょうしつ》で待《ま》つ

朝礼《ちょうれい》が終《お》わると
担任《たんにん》の先生《せんせい》がむかえに来《く》る

いっしょに教室《きょうしつ》へ

先生《せんせい》からクラスのみんなに
紹介《しょうかい》される

自己紹介《じこしょうかい》する

事前《じぜん》に、自己紹介《じこしょうかい》の
内容《ないよう》を考《かんが》えておくと
あわてずにすむよ！
（P44を見《み》てみてね）

ザ・ライヴ中継《ちゅうけい》 転校生《てんこうせい》と在校生《ざいこうせい》の「転校初日《てんこうしょにち》」

転校生編《てんこうせいへん》

ここが教室《きょうしつ》よ
はい
ドキドキ
ガラ

1

在校生編《ざいこうせいへん》

転校生《てんこうせい》が来《く》るらしいで!
ガヤ
男《おとこ》? 女《おんな》?
ガヤ
通学中《つうがくちゅう》に見《み》たで! 男《おとこ》や!
イケメン?
ガヤ
ガラー

じーーっ

2

イケメンじゃなかったなー
でもおもしろそう
野球《やきゅう》やってないかなー
いや、サッカーだろ！
ヒソ
ヒソ
ヒソ
ヒソ

次《つぎ》のページにつづく！

転校生編《てんこうせいへん》

3

在校生編《ざいこうせいへん》

ぎゃははは。肉《にく》ま〜ん！
どっ
うー。わらわれた
ムッ
それじゃ、あそこすわって！
みんな、なかよくしてな

次《つぎ》のページにつづく！

4

ぎゃははは。肉《にく》ま〜ん！
めっちゃおもろーい！
怒《おこ》ったんかな……
ムッ
それじゃ、あそこすわって！みんな、なかよくしてな

転校生編《てんこうせいへん》

なぁ
くるっ
どこから来《き》たん?
え〜っと……東京《とうきょう》だけど……
ほんとに関西弁《かんさいべん》だ……

5

在校生編《ざいこうせいへん》

よし! 話《はな》しかけてみよ!
なぁ
くるっ
どこから来《き》たん?
え〜っと……東京《とうきょう》だけど……

初日《しょにち》スタートはこんな感《かん》じ！ はたして、ひろとはどうなるのか!?

東京《とうきょう》か！
な！ な！
芸能人《げいのうじん》見《み》た？
きんちょうするな……
べ、べつに……
なんやノリ悪《わる》いなー
プイ
ま、ええわ

END

東京《とうきょう》か！
な！ な！
芸能人《げいのうじん》見《み》た？
すごっ！
べ、べつに……
ガーン
なんやノリ悪《わる》いなー
プイ〜
ま、ええわ

話《はな》しかけやすい雰《ふん》囲《い》気《き》と、話《はな》しかける勇《ゆう》気《き》

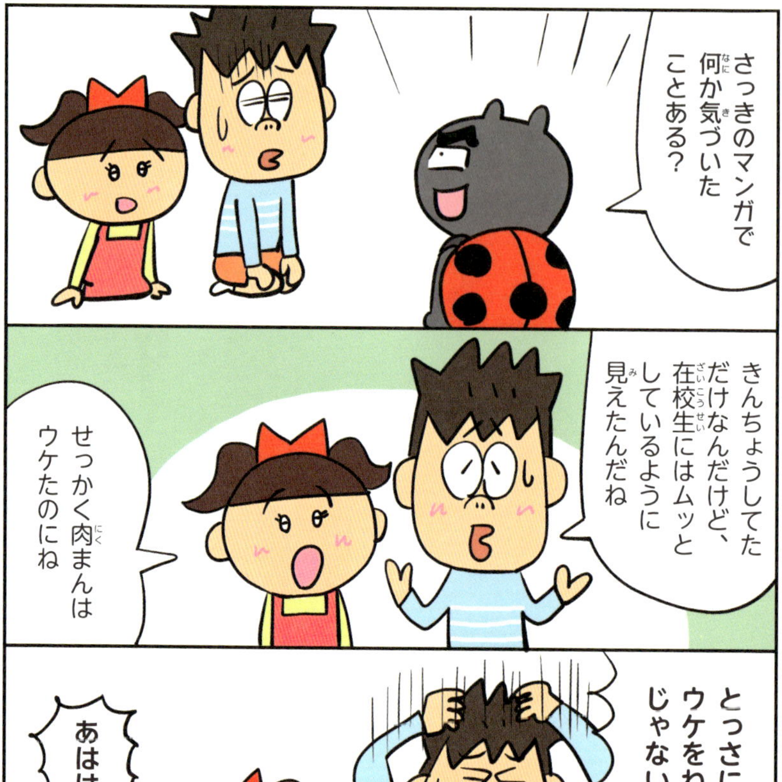
さっきのマンガで何《なに》か気《き》づいたことある？
きんちょうしてただけなんだけど、在《ざい》校《こう》生《せい》にはムッとしているように見《み》えたんだね
せっかく肉《にく》まんはウケたのにね
とっさに出《で》ただけでウケをねらったわけじゃないんだよー！
あはは！
でもやっぱり笑《え》顔《がお》でいたほうが在《ざい》校《こう》生《せい》も話《はな》しかけやすいというのはわかるよね
きみのいいところも伝《つた》わりやすいよ
読《どく》者《しゃ》のみんなは気《き》をつけて～

知《し》っている人《ひと》がだーれもいない転校初日《てんこうしょにち》、きんちょうするのがあたりまえ!!

そんなときはこのふたつだけ意識《いしき》してみよう！

① 話《はな》しかけやすい雰囲気《ふんいき》をつくる

話《はな》しかけるのは難《むずか》しいけど、話《はな》しかけられたいという雰囲気《ふんいき》はだせるよ。
話《はな》しかけやすい人《ひと》を思《おも》いうかべてみよう！

ニコニコ笑顔《えがお》

ぎこちなくても OK。口角《こうかく》を上《あ》げるよう意識《いしき》して。

くわしい自己紹介《じこしょうかい》

同《おな》じ趣味《しゅみ》の子《こ》が話《はな》しかけてくれるかも。

返事《へんじ》やあいづち

話《はな》しかけられたらしっかりと返《かえ》して。相手《あいて》はもっと話《はな》したくなるよ。

あいさつ

朝《あさ》なら「おはよう」を言《い》ってみて。そのあと、会話《かいわ》が続《つづ》くかも。

② 話《はな》しかける勇気《ゆうき》をだす

初日《しょにち》は難《むずか》しいかもしれない。でも話《はな》せそうな子《こ》に少《すこ》しずつでもいいから自分《じぶん》から話《はな》しかけてみよう！

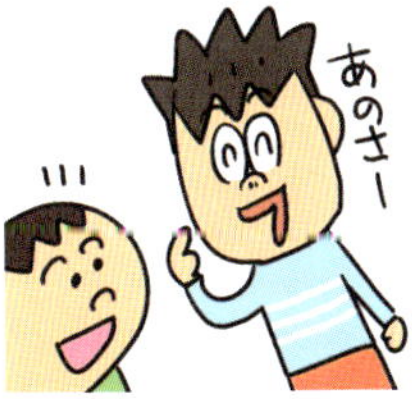

じつは相手《あいて》もきんちょうしていたりするからよろこんでくれるよ。だんだんと友達《ともだち》になっていこう。

自己《じこ》紹介《しょうかい》を考《かんが》えておこう！

コツはズバリ、在校生《ざいこうせい》の知《し》りたそうなことを話《はな》すこと

在校生《ざいこうせい》が知《し》りたい「きみのこと」はこれ！

話《はなし》のきっかけになるようなことを自己紹介《じこしょうかい》にもりこもう！
共通点《きょうつうてん》があると話《はな》しかけられやすくなるよ。

自分《じぶん》の家《いえ》の場所《ばしょ》

近所《きんじょ》にすんでいる子《こ》といっしょに登下校《とうげこう》できるようになるかも！

あだ名《な》

あだ名《な》を教《おし》えてあげると呼《よ》んでもらいやすくなるよ！

よんでほしいあだ名《な》を自分《じぶん》でつくっちゃうのもアリだよ！（笑《わらい》）

引《ひ》っ越《こ》す前《まえ》の場所《ばしょ》

同《おな》じ地方《ちほう》にすんでいたことがある子《こ》や、祖父母《そふぼ》の家《いえ》がある子《こ》がいるかも！

趣味《しゅみ》

スポーツ、アニメ、ゲームなど、自分《じぶん》が好《す》きなこと、今《いま》ハマッていることを話《はな》してみよう！

おうえんしているスポーツチームが地元《じもと》のライバルだったら、とりあえずだまっておこう（笑《わらい》）

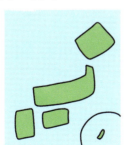

クラスメイトの名前《なまえ》をおぼえるコツ

う〜〜〜ん
どうしたのお兄《にい》ちゃん
クラスメイトの名前《なまえ》を思《おも》い出《だ》そうと思《おも》ったんだけどいっぱいいてさー
ほんとよね！近《ちか》くの席《せき》の子《こ》たちはおぼえられたけどどうなることやら……
いきなりクラスメイトの名前《なまえ》を全員《ぜんいん》おぼえるのも大変《たいへん》だよね
でもまぁそのうちなんとかなるよ！
ちょっとそんなこと言《い》わないでおぼえ方《かた》のコツ教《おし》えてよ！

席《せき》が近《ちか》くの子《こ》たちや目《め》立《だ》つ子《こ》からおぼえていこう！

おぼえ方《かた》のコツを紹介《しょうかい》するよ！

名前《なまえ》をおぼえてもらうと、おたがいにうれしいものだよね！

顔《かお》・体《からだ》つき・性格《せいかく》・服《ふく》そうなどのとくちょうと名前《なまえ》をむすびつけてみよう

「お目《め》めぱっちり、木村《きむら》さん」
「スタイルばつぐん、花田《はなだ》さん」
のように見《み》た目《め》の印象《いんしょう》でOK！
「麦《むぎ》わらの○フィみたいな上田《うえだ》くん」
のようにマンガやアニメのキャラクターとリンクさせても◎。

声《こえ》に出《だ》してよんでみよう

声《こえ》に出《だ》すと記憶《きおく》に残《のこ》りやすいんだ。
相手《あいて》の声《こえ》や表情《ひょうじょう》も印象《いんしょう》に残《のこ》るからおぼえやすくなるんだよ。

名前《なまえ》を思《おも》い出《だ》せないとき、まちがえてしまったときは正直《しょうじき》に「ごめん！ まだ名前《なまえ》と顔《かお》が一致《いっち》してないんだ！」と言《い》って教《おし》えてもらおう。大丈夫《だいじょうぶ》、みんなわかってくれるよ。

力《ちから》になってくれるキーマンをさがせ！

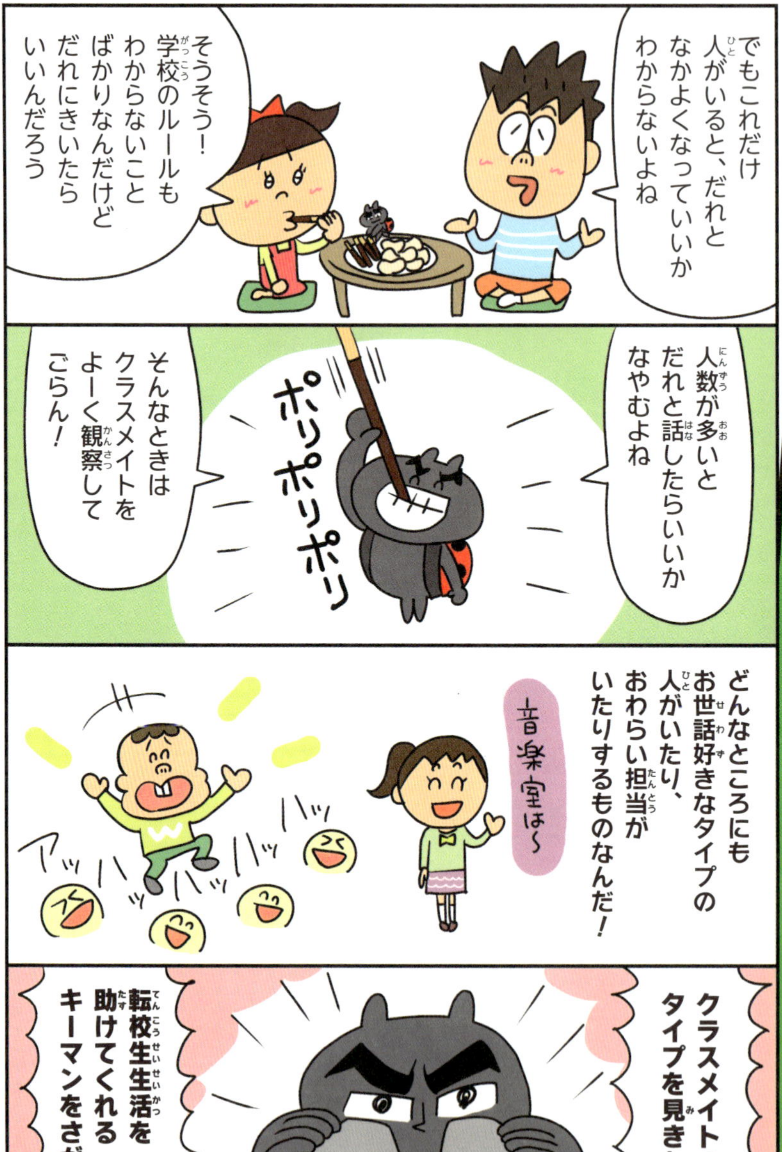
でもこれだけ人《ひと》がいると、だれとなかよくなっていいかわからないよね
そうそう！学校《がっこう》のルールもわからないことばかりなんだけどだれにきいたらいいんだろう
人数《にんずう》が多《おお》いとだれと話《はな》したらいいかなやむよね
ポリポリポリポリ
そんなときはクラスメイトをよーく観察《かんさつ》してごらん！
どんなところにもお世話《せわ》好《ず》きなタイプの人《ひと》がいたり、おわらい担当《たんとう》がいたりするものなんだ！
音楽室は〜
アッハッハッハッハッ
クラスメイトのタイプを見《み》きわめて、
転校生生活《てんこうせいせいかつ》を助《たす》けてくれるキーマンをさがそう！

アドバイス

キーマンは身近《みぢか》にいるよ

キーマン1
「席《せき》が近《ちか》い」子《こ》

話《はな》すチャンスが多《おお》いよね。
まずは席《せき》の近《ちか》い子《こ》と話《はな》してみよう！

キーマン2
「お世話《せわ》ずき」な子《こ》

学級委員長《がっきゅういいんちょう》などクラスの中心的《ちゅうしんてき》な係《かかり》をしている子《こ》に多《おお》いよ。知《し》りたいこと、こまったことがあったら、きちんと「助《たす》けてほしい」とたのんでみよう。

お世話《せわ》ずきな子《こ》は、
たよられるとよろこんで
協力《きょうりょく》してくれるはず
なんでも聞いてね！
たよりになる〜♪

キーマン3
同《おな》じ「趣味《しゅみ》」や「スポーツ」をやっている子《こ》

趣味《しゅみ》ややっているスポーツが同《おな》じだと話《はなし》も合《あ》うし、それ以外《いがい》のこともいろいろききやすいよ。同《おな》じスポーツチームに入《はい》っている子《こ》に紹介《しょうかい》してくれるかも！

サッカーやってたの？
どこのチームが好き？

キーマン4
「近所《きんじょ》にすんでいる」子《こ》

登下校《とうげこう》もいっしょにできるかもしれないね！登校班《とうこうはん》がいっしょなら保護者《ほごしゃ》どうしも知《し》り合《あ》いになりやすいから、なかよくなりやすい。ちがうクラスでも登校班《とうこうはん》がいっしょの子《こ》がいたら、いろいろ教《おし》えてもらえるかも！

助《たす》けてもらったら、
しっかりお礼《れい》を言《い》うの
ポイントだよ
うん！
いっしょに帰ろうぜ！
ありがとう!!

アドバイス

たよるなら同性《どうせい》のほうがオススメ！「うわさ話《ばなし》」や「悪口《わるくち》」はきき流《なが》そう

自分《じぶん》に合《あ》ったキーマンを見《み》つけて、話《はな》しかけたり、たよったりしてみよう。
でも、こんなことには注意《ちゅうい》して！

注意《ちゅうい》1
なるべく異性《いせい》には たよりすぎないほうがいいよ

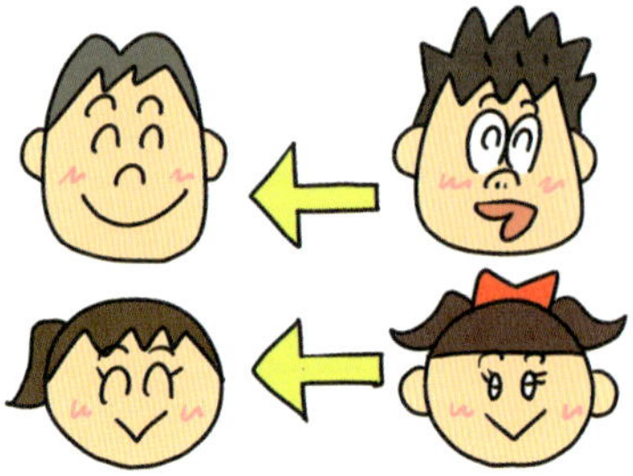

男《おとこ》の子《こ》なら男《おとこ》の子《こ》、女《おんな》の子《こ》なら女《おんな》の子《こ》、
同性《どうせい》にたよるのがオススメだよ！

「○○が好《す》きなんだ～」
など変《へん》なうわさが
たつこともある！

注意《ちゅうい》2
うわさ話《ばなし》に気《き》をつけよう！

あいつこの前な…
ふーん そう なんだ～

だれかの悪口《わるくち》を言《い》ってくる子《こ》もいるけど、
自分《じぶん》の目《め》で見《み》てたしかめよう。
悪口《わるくち》を言《い》う子《こ》には「わかった」「そうなんだ」とだけ言《い》って、きき流《なが》しておこう！

あまり異性《いせい》にたよると、変《へん》なうわさをされることもあるから気《き》をつけようね。

めんどくさいけどねー

どこの学校《がっこう》にもだいたいいる 人物図鑑《じんぶつずかん》

お調子者《ちょうしもの》

いつもにぎやか。明《あか》るくて話《はな》しかけやすいよ。

スポーツマン

体育《たいいく》の時間《じかん》に活躍《かつやく》。さばさばした性格《せいかく》の人《ひと》が多《おお》い。

人気者《にんきもの》

友達《ともだち》が多《おお》い。なかよくなるときみの友達《ともだち》もふえるかも。

お世話好《せわず》き

こまっていると、こころよく助《たす》けてくれる。

キラリ

勉強好《べんきょうず》き

勉強《べんきょう》でわからないことを教《おし》えてもらおう。

おとなしい子《こ》

でしゃばらないし、親切《しんせつ》でやさしいよ。

タイプを見《み》きわめ、
話《はな》しやすい
相手《あいて》を見《み》つけよう！
ウムウム

力《ちから》じまん

たよられると、うれしいみたいだよ。

おしゃべり好《ず》き

どんどん話《はな》しかけてくれるから、助《たす》かるよ。

ぼくたちの転校初日《てんこうしょにち》

そのか

小学校《しょうがっこう》3年《ねん》で

福岡県《ふくおかけん》 → 東京都《とうきょうと》

初日《しょにち》は全校朝礼《ぜんこうちょうれい》のある日《ひ》で、朝礼台《ちょうれいだい》にあげられて紹介《しょうかい》されたの。きんちょうしたなー！同《おな》じ日《ひ》に転校《てんこう》してきた子《こ》が何人《なんにん》かいたので、朝礼《ちょうれい》の前《まえ》にひとつの場所《ばしょ》に集《あつ》められたんだけど、そのとき同《おな》じ学年《がくねん》の転校生《てんこうせい》と話《はな》すことができて、ほっとしたのをおぼえてる。クラスで自己紹介《じこしょうかい》したときは福岡弁《ふくおかべん》をわらわれてはずかしかった……。

ともき

小学校《しょうがっこう》4年《ねん》で

上海市《シャンハイし》 → 東京都《とうきょうと》

ぼくは小《しょう》4のときに中国《ちゅうごく》の上海《シャンハイ》から日本《にほん》の東京《とうきょう》に来《さ》たよ。お父《とう》さんが日本人《にほんじん》でお母《かあ》さんが中国人《ちゅうごくじん》なんだけど、ふだんの会話《かいわ》は中国語《ちゅうごくご》。だから日本語《にほんご》はあまり知《し》らなかった。飛行機《ひこうき》の中《なか》で勉強《べんきょう》しながら来《き》たよ。

初日《しょにち》はあまり日本語《にほんご》もわからないので、先生《せんせい》が紹《しょう》介《かい》してくれて、転校《てんこう》してからしばらくは、先生《せんせい》と英《えい》語《ご》でしゃべっていた。中国《ちゅうごく》では英語教育《えいごきょういく》がさかんだったから、英会話《えいかいわ》ができるようになっていたのがよかった！

日本語《にほんご》はそのあと、友達《ともだち》と遊《あそ》んでいるうちに少《すこ》しずつおぼえていったよ。

よしひろ

小学校《しょうがっこう》5年《ねん》で

愛知県《あいちけん》

↓

三重県《みえけん》

自己紹介《じこしょうかい》とかはとくになく、さらっと先生《せんせい》が紹介《しょうかい》してくれただけだった。でもすぐに質問《しつもん》ぜめにあって野球《やきゅう》をやっていたと話《はな》したら、クラスメイトに地《じ》元《もと》の野球《やきゅう》チームに入《はい》ってる子《こ》がふたりいて、話《はな》しかけてくれた！　そのふたりとはそのあと、ずっといっしょに野球《やきゅう》をやるくらいなかよくなれたんだ。

ドラゴンズファンからタイガースファンに変《か》わったのは、前《まえ》の学校《がっこう》の友達《ともだち》にはナイショ（笑《わらい》）。

うちのチームに入れよ！
うん

まさき

小学校《しょうがっこう》6年《ねん》で

北海道《ほっかいどう》

↓

兵庫県《ひょうごけん》

最初《さいしょ》、職員室《しょくいんしつ》で先生《せんせい》にあいさつして、そのあと、先生《せんせい》に教室《きょうしつ》まで連《つ》れていってもらった。教室《きょうしつ》のドアを先生《せんせい》がガラーっとあけると、みんながいっせいにぼくを見《み》てはずかしかった。自己紹介《じこしょうかい》をしてから空《あ》いてる席《せき》にすわったんだけど、となりの女《おんな》の子《こ》がびっくりするほどかわいくて、よけいにきんちょうしたことをおぼえてる（笑《わらい》）。前《まえ》の席《せき》の男《おとこ》の子《こ》が「名前《なまえ》なんやったっけ」って話《はな》しかけてきたから、名前《なまえ》と前《まえ》の学校《がっこう》のときのあだ名《な》を教《おし》えたら、すぐにあだ名《な》でみんなよんでくれるようになった！　うれしかった！

転校生《てんこうせい》の多《おお》い学校《がっこう》で、ほかにも東京《とうきょう》から来《き》た子《こ》がいて話《はな》しかけてくれた。すごくホッとしたよ。

名前なんやったっけ？

あいみ

中学校《ちゅうがっこう》 1 年《ねん》で

那覇市《なはし》 → 那覇市《なはし》

夏休《なつやす》み明《あ》けの学期《がっき》はじめに転校《てんこう》したよ。
でも市内《しない》の転校《てんこう》だったので、スイミングスクールでいっしょの友達《ともだち》がいて、初日《しょにち》に話《はな》しかけてくれたのがとても助《たす》かった！
休《やす》み時間《じかん》にほかのクラスの子《こ》たちが、こっそりわたしを見《み》にきて、「見《み》られてる」って気《き》がしてしばらく落《お》ち着《つ》かなかったなぁ……。
転校生《てんこうせい》がめずらしい学校《がっこう》だったみたい。

けいのすけ

中学校《ちゅうがっこう》 2 年《ねん》で

京都府《きょうとふ》 → 東京都《とうきょうと》

中《ちゅう》2の1学期《がっき》に東京《とうきょう》に転校《てんこう》してきたよ。
転校生慣《てんこうせいな》れしていない学校《がっこう》だったみたいで、始業《しぎょう》式《しき》のあいだ、校長室《こうちょうしつ》で待《ま》たされたまままわすれられたり、ひとりで教室《きょうしつ》に行《い》かされたりでさんざんだったよ。そのせいもあって、初日《しょにち》はふてくされてひとりでさっさと帰《かえ》っちゃったんだ。
そしたら怖《こわ》いヤツだと思《おも》われて、しばらくは不良《ふりょう》が近寄《ちかよ》ってくるようになって大変《たいへん》だった。
今《いま》はいい友達《ともだち》ができたけど、初《しょ》日《にち》から笑顔《えがお》でいれば、もっと早《はや》くみんなとなかよくなれたのにな～と思《おも》ってるよ。

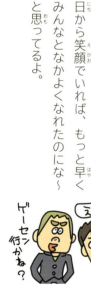

みんなの転校初日《てんこうしょにち》はどうだったかな？
学校《がっこう》はどんなところだった？
前《まえ》の学校《がっこう》よりキレイだった？ 古《ふる》そうだった？
先生《せんせい》はどんな人《ひと》だった？ あいさつは元気《げんき》よくできたかな？
キーマンは見《み》つかったかな？ かっこいい子《こ》、かわいい子《こ》はいたかな？
なかよくできそうな子《こ》はいたかな？

みんな、それぞれにいろんな転校初日《てんこうしょにち》があったと思《おも》う。
頭《あたま》の中《なか》がいっぱいになってたら、
お父《とう》さんやお母《かあ》さん、きょうだいに話《はな》してみよう。
人《ひと》に話《はな》すと、頭《あたま》の中《なか》が整理《せいり》されてスッキリするよ！
いよいよはじまった新生活《しんせいかつ》！
楽《たの》しいところをどんどん見《み》つけて、慣《な》れていこう！

受《う》け入《い》れ側《がわ》の先生《せんせい》がしている工夫《くふう》

転校生《てんこうせい》を受《う》け入《い》れるクラスの担任《たんにん》の先生《せんせい》は、転校生《てんこうせい》の不安《ふあん》を少《すく》なくしてあげたいと考《かんが》えているよ。先生《せんせい》によってちがうけど、そのためにこんなことをしているんだ。

1 事前《じぜん》にクラスのみんなに、転校生《てんこうせい》はどんな気持《きも》ちかを考《かんが》えさせる。そして、「親切《しんせつ》にしよう」「なかよくしよう」という気持《きも》ちをもってもらう。また、転校生《てんこうせい》が来《く》ることは「おめでたいこと」という認識《にんしき》を伝《つた》える。

2 「お世話係《せわがかり》」を指名《しめい》して、1週間《しゅうかん》くらい、転校生《てんこうせい》のお世話《せわ》をしてもらう。

3 歓迎会《かんげいかい》をおこなう（クラスみんなで遊《あそ》ぶなど）。

4 自己紹介《じこしょうかい》、クラス紹介《しょうかい》をする。名前覚《なまえおぼ》えゲームなどをして、覚《おぼ》えてもらいやすくする。

5 休《やす》み時間《じかん》に転校生《てんこうせい》が孤立《こりつ》していないか見守《みまも》る。

クラスがえをしたばかりの学年《がくねん》はじめの転校《てんこう》など、タイミングによってはわかりやすい工夫《くふう》ができないこともあるんだ。なので、困《こま》ったことがあったら、自分《じぶん》から先生《せんせい》に相談《そうだん》してみよう。遠慮《えんりょ》はいらないよ！

第《だい》3章《しょう》

山《やま》あり谷《たに》ありの転校生生活《てんこうせいせいかつ》

第3章

こうやって転校生活《てんこうせいかつ》のピンチをのりこえろ！

ひろとゆいにしのびよるぶきみな影《かげ》。いったいなんだろう！
そう。これは転校生《てんこうせい》におこりがちな「ピンチ」です！
まったく新《あたら》しい環境《かんきょう》での毎日《まいにち》がはじまると、
自分《じぶん》の今《いま》までの常識《じょうしき》とはずいぶんちがっていて、
思《おも》ってもみなかったことが起《お》きたりする。それもそのはず。
せまいと言《い》われてる日本《にほん》でも、地方《ちほう》によって言葉《ことば》もちがえば、
おみそ汁《しる》の味《あじ》だってちがうんだ。
転校生《てんこうせい》に慣《な》れている学校《がっこう》もあれば、慣《な》れていない学校《がっこう》もある。
びっくりする出来事《できごと》が起《お》きてあたりまえなんだよね。
この章《しょう》では転校生生活《てんこうせいせいかつ》でこまったときに、
どうやってのりこえるかのヒントをたくさん集《あつ》めました。
先《さき》に読《よ》んで予習《よしゅう》するもよし、ピンチが起《お》きてから読《よ》むもよし！
強《つよ》く、そして、しなやかに転校生生活《てんこうせいせいかつ》を送《おく》ろう！

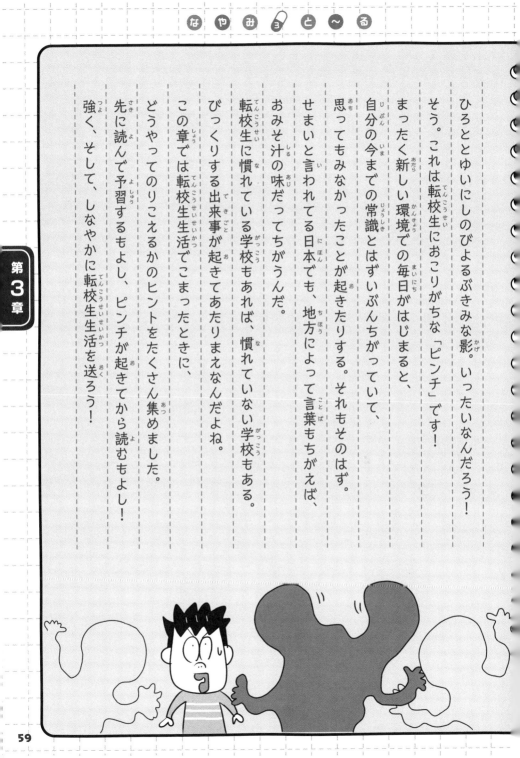

遊《あそ》びのルールがわからない

タンテイやらん？
え？タンテイ？
どろけいみたいなものかな？
いろはにほへと、ちり「ぬ」すっと！るをわかよ「た」んていっ！
オレがたんていね
いろはで決《き》めるんだ！
タッチ！
タタタタタタ
タッチしたよ！
逮捕《たいほ》だよ！
は？10秒間《びょうかん》つかまえな、あかんねんで！
えー!?
何《なに》そのルール！

アドバイス

わからなくてあたりまえ。あせらなくてOK

「郷《ごう》に入《い》れば郷《ごう》にしたがえ」の精神《せいしん》で

これは有名《ゆうめい》なことわざなんだ。新《あたら》しい環境《かんきょう》ではそこでの習慣《しゅうかん》ややり方《かた》にしたがって生活《せいかつ》すればいい、という意味《いみ》だよ。まずは、新《あたら》しいルールを理解《りかい》しておぼえることをがんばってみよう。

ウムウム
昔《むかし》の人《ひと》にも、同《おな》じようななやみがあったんだね

正直《しょうじき》に「教《おし》えて！」って、言《い》ってみよう

遊《あそ》びのルールは、同《おな》じ地域《ちいき》でも学校《がっこう》ごとにちがうことが多《おお》いんだ。一見同《いっけんおな》じように見《み》えて、細《こま》かいルールがちがうこともある！ わからないのがあたりまえ。はずかしくなんかないよ。どんどんまわりの子《こ》にきいて。

わかりません
教えて！

ききづらい雰囲気《ふんいき》、きくのがどうしてもはずかしいなら

よく観察《かんさつ》しておぼえてみよう。遊《あそ》びを通《つう》じてクラスメイトの性格《せいかく》も見《み》えてくるし、だんだん勝《か》てるようになっていくのもおもしろいよ。

1.2.3.4.
5.6…
フムフム

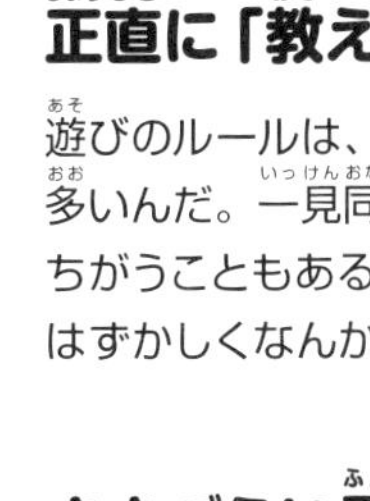
パワーアップ！

こういう体験《たいけん》をしておくと、「人《ひと》に話《はなし》をきく」「人《ひと》に合《あ》わせる」という能力《のうりょく》が身《み》につくのさ！

今《いま》までやっていたスポーツができない

アドバイス

あきらめずにさがすか、新《あたら》しくチャレンジするか

今《いま》までやっていたスポーツのチームに入《はい》れても、前《まえ》と同《おな》じポジションをやらせてもらえないことも。人数《にんずう》の少《すく》ないポジション（サッカーだとゴールキーパーなど）だと、その可能性《かのうせい》は高《たか》い。
どんなスポーツをやるにしても、今《いま》までやってきたことを生《い》かしつつ、心機一転《しんきいってん》、ゼロからの気持《きも》ちで取《と》り組《く》もう！

保護者《ほごしゃ》といっしょにチームをさがしてみよう！

地元《じもと》になくてもとなりの市《し》や区《く》にあることがあるよ。

カキーン
野球やってる

学校以外《がっこういがい》の友達《ともだち》がふえて、さらに世界《せかい》が広《ひろ》がるね！

思《おも》いきって、ほかのスポーツにチャレンジ！

同《おな》じ学校《がっこう》の仲間《なかま》がいるスポーツチームに入《はい》ってみよう

ほかのクラスの子《こ》とも友達《ともだち》になるチャンス！

1組
何組？

市民体育館《しみんたいいくかん》などのスポーツクラブに入《はい》ってみよう

ちょっとドキドキするけど、きっと新鮮《しんせん》な楽《たの》しみがあるよ。

ドキドキ
ダムダム

なかなか友達《ともだち》ができない。休《やす》み時間《じかん》、ポツンとする

わーい
休《やす》み時間《じかん》だ！
ワーワーワー
フラフープやろ！
ドッジボールやろうぜ！
ダダー
ポツーーーン
前《まえ》の学校《がっこう》ではみんなといっしょにゴムなわとかして遊《あそ》んでいたのに……！
どうしたらいいんだろ……

アドバイス

あせることないよ！少《すこ》しずつ気《き》の合《あ》う子《こ》を見《み》つけていこう！

「すぐに友達《ともだち》をつくろう」「たくさんつくろう」なんて思《おも》わなくていいんだよ。

1対《たい》1や少人数《しょうにんずう》で話《はな》せる子《こ》を見《み》つけてみて

たとえば……

ひとりで教室《きょうしつ》に残《のこ》っている子《こ》

グラウンドいかない？
んー、ごめん わたしはいいや

グループに入《はい》っていない子《こ》

1対《たい》1や少人数《しょうにんずう》で遊《あそ》ぶのが好《す》きな子《こ》

クマキャラ好きなの？
うん

趣味《しゅみ》が同《おな》じ子《こ》

本《ほん》をたくさん読《よ》むチャンス！

休《やす》み時間《じかん》には本《ほん》を読《よ》んでみてもいいんじゃない？
物知《ものし》りになるチャンス！
本好《ほんず》きな友達《ともだち》ともなかよくなれるかもしれないね。

なに読んでるの？

ひとりでいる
時間《じかん》って
じつはとても
貴重《きちょう》なんだよ

前《まえ》の学校《がっこう》のほうがよかった……とは絶対《ぜったい》に言《い》わないこと！

だって、そんなことを言《い》われたら新《あたら》しい学校《がっこう》の子《こ》はいい気持《きも》ちがしないよね？
「前《まえ》はどうだった？」ときかれても、期待《きたい》をこめて「前《まえ》も楽《たの》しかったけど、今《いま》の学校《がっこう》も楽《たの》しそうだね」って答《こた》えるといいよ!!

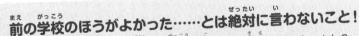

勉強《べんきょう》の進《すす》み具合《ぐあい》がちがう！

ひろとの場合《ばあい》
では復習《ふくしゅう》テストします
はじめ！
え？この問題《もんだい》まだやってないよ！
こっちのほうが勉強《べんきょう》が進《すす》んでるのか！
ゆいの場合《ばあい》
5の段
はい、では今日《きょう》は5の段《だん》をやります！
あ、前《まえ》の学校《がっこう》でもうやったところだ！
こっちのほうがおそいのね！ラッキー♪

アドバイス

ひとりでなやまないで、先生《せんせい》や保護者《ほごしゃ》にすぐ相談《そうだん》！

転校先《てんこうさき》のほうが早《はや》い場合《ばあい》

いろいろな方法《ほうほう》で
おくれをカバーしよう
えっほえっほ
っっ

まずはそのことをきちんと学校《がっこう》の先生《せんせい》や保護者《ほごしゃ》に伝《つた》えること！

先生《せんせい》が放課後《ほうかご》や休《やす》み時間《じかん》に教《おし》えてくれるかもしれないし、保護者《ほごしゃ》に教《おし》えてもらう、塾《じゅく》でカバーする、などの方法《ほうほう》もあるよ。またインターネットで単元名《たんげんめい》を検索《けんさく》すると教《おし》えてくれるWeb《ウェブ》ページが見《み》つかることもあるし、スマホの勉強《べんきょう》アプリもある。自分《じぶん》で学習《がくしゅう》するのも手《て》だよ。

あら
そうなのね
先生、実は〜

転校先《てんこうさき》のほうがおそい場合《ばあい》

まっ先《さき》に手《て》をあげて
答《こた》えたりしないほうが
いいかも！

かんぺきに復習《ふくしゅう》するつもりでしっかりと授業《じゅぎょう》をきこう！

学校《がっこう》の授業《じゅぎょう》がいっしゅん楽《らく》に感《かん》じるからラッキー!!　もし、にがてな単元《たんげん》だったら、もう一度《いちどおし》教えてもらえてますますラッキー!! だよね。でもまわりのクラスメイトは、はじめて授業《じゅぎょう》を受《う》けるんだ。知《し》ってるからといって、じまん気《げ》にしたり授業《じゅぎょう》をてきとうにきいたりするのは絶対《ぜったい》にやめよう。先生《せんせい》もクラスメイトもいやな気持《きも》ちになるからね。

よし！こうなったら
とくいになっちゃおっと♥
キラーン

運動《うんどう》のレベルがちがう!

ひろとの場合《ばあい》
よーい
ピッ
すごーい!
ビュン
前《まえ》の学校《がっこう》ではふつうより少《すこ》し速《はや》いくらいだったのに……!
ゆいの場合《ばあい》
よーい
ピッ
前《まえ》の学校《がっこう》では速《はや》いほうだったのに……
みんなレベル高《たか》い!
ダダダ
タッタッ

学校《がっこう》によって、運動《うんどう》についての特色《とくしょく》・レベルはさまざまだ

転校先《てんこうさき》のほうがレベルが高《たか》い
（運動《うんどう》の得意《とくい》な子《こ》が多《おお》い）

運動《うんどう》がさかんなところに転校《てんこう》すると、そういうこともあるね。でもこれはキミの運動能力《うんどうのうりょく》を高《たか》めるチャンス！ 自分《じぶん》からすすんでスポーツや外遊《そとあそ》びに参加《さんか》してみよう！

保護者《ほごしゃ》とジョギングをして、ひそかに体力《たいりょく》をつけるのもオススメ！

転校先《てんこうさき》のほうがレベルが低《ひく》い
（運動《うんどう》の得意《とくい》な子《こ》が少《すく》ない）

運動《うんどう》ができると運動会《うんどうかい》でも活躍《かつやく》できるしヒーロー気分《きぶん》になれてうれしいよね！
でも、もしかしたら前《まえ》の学校《がっこう》では運動《うんどう》がさかんだったので、自然《しぜん》にきみも鍛《きた》えられたのかもしれないよ。ゆだんして運動能力《うんどうのうりょく》が落《お》ちてしまわないように、これからも運動《うんどう》を続《つづ》けよう！

だいじなのはまわりよりも、今《いま》の自分《じぶん》に勝《か》てるようにがんばること！

これって……、いじめ……!?

おはよー
おはよー
おーい ひろと!
おまえ東京《とうきょう》から来《き》たんやんな
え? うん……
ほんなら東京弁《とうきょうべん》しゃべってみろや
え! いや、あの……
しゃべれないよ!
しゃべれないよ! だって!
ガッハッハッハッ
ニヤニヤ
ニヤニヤ
それが東京弁《とうきょうべん》やねん!
う……

アドバイス

転校生《てんこうせい》はいじられやすい まずはやりすごすのが一番《いちばん》！

基本的《きほんてき》に転校生《てんこうせい》はいじられやすい！ なぜなら物《もの》めずらしいからね。
ちがう地域《ちいき》の方言《ほうげん》を話《はな》したり、もってる教材《きょうざい》、用具《ようぐ》がちがったり。
それだけでからかわれたりするんだよね。
でも、そのうち相手《あいて》は飽《あ》きて「ちがうこと」でからかわれたりすることはなくなるよ。まずはそういうものだと思《おも》ってやりすごしてみよう。

それでもやめてくれないときは……

イヤなことは「イヤ」と言《い》う！

いやなんだ！

「それを言《い》われる（される）のイヤなんだ。やめてくれないかな」と勇気《ゆうき》をだして、はっきり言《い》ってみよう。

同《おな》じ目《め》にあっている子《こ》と仲間《なかま》になる

そうなんだ…
あの子はああいう子だから相手にしないほうがいいよー

同《おな》じ目《め》にあってる子《こ》や、いじってくる子《こ》とはなかよくなさそうな子《こ》に相談《そうだん》してみるのも手《て》。仲間《なかま》ができると気持《きも》ちが楽《らく》になるよ。

いじめのことは大人《おとな》にたよろう！

先生
親
SOS

いじめは完全《かんぜん》にいじめたほうが悪《わる》い。
かかえこまずに保護者《ほごしゃ》に言《い》う、担任《たんにん》の先生《せんせい》に言《い》う。
担任《たんにん》の先生《せんせい》に言《い》っても動《うご》いてくれないようなら、
ほかのたよりになりそうな先生《せんせい》や校長先生《こうちょうせんせい》、教頭先生《きょうとうせんせい》に言《い》おう。とにかく大人《おとな》にたよるんだ。

直接《ちょくせつ》言《い》えないなら
手紙《てがみ》でもいい。
絶対《ぜったい》にだれかが
助《たす》けてくれるよ

とくいなことなんてないし イケメンでも美女《びじょ》でもない

今《いま》でも思《おも》い出《だ》す
転校初日《てんこうしょにち》の女子《じょし》の反応《はんのう》
……
絶対《ぜったい》にみんな、
「なんだイケメンじゃないのかー」って
思《おも》ったはず！
今《いま》でも思《おも》い出《だ》す
はじめて授業《じゅぎょう》で
あてられたとき……
624
×53
え、ええっと
あの……
絶対《ぜったい》にみんな、
「なんだ勉強《べんきょう》とくいじゃないんだー」って
思《おも》ったはず！
今《いま》でも思《おも》い出《だ》す
バスケの授業《じゅぎょう》で
シュートをはずした
瞬間《しゅんかん》……
あー
ありゃー
絶対《ぜったい》にみんな、
「なんだ運動《うんどう》とくいじゃないのかー」って
思《おも》ったはず！
転校生《てんこうせい》にヘンな
期待《きたい》するの
やめて——！

なぜかヘンな期待《きたい》をされる転校生《てんこうせい》！「よく知《し》らない子《こ》」って幻想《げんそう》をいだかれがちだよね

たしかに勉強《べんきょう》やスポーツなどとくいなことがあると一目《いちもく》おかれるケースは多《おお》い！ だからできるだけ一生懸命《いっしょうけんめい》やろう！
でもヘンな期待《きたい》をされるのも最初《さいしょ》だけだよ。早《はや》めにがっかりされたほうがやりやすいかも！

イケメンや美女《びじょ》でないきみ

ワイ
キ
ワイ
キ

親近感《しんきんかん》をもって接《せっ》してもらえるかも！

勉強《べんきょう》がとくいじゃないきみ

教えるで〜
ありがとう！

先生《せんせい》やクラスメイトが気《き》にかけてくれるかも！

運動《うんどう》がとくいじゃないきみ

3位がんばったやん
3位でいいのか…ホッ
ハアハア

運動会《うんどうかい》でヘンに期待《きたい》されなくてラッキー！

何《なに》ごとも考《かんが》え方《かた》しだい。
だいじなのは自分《じぶん》なりに
成長《せいちょう》することだよ！

方言《ほうげん》……、言《い》ってることがわからない

アドバイス

少《すこ》しずつおぼえて 方言《ほうげん》バイリンガルになろう！

テレビなどできいたことがあっても、方言《ほうげん》ってびっくりするよね！まったく知《し》らない単語《たんご》もあるし、話《はな》すスピードもちがうからききとれないこともある。でもこの経験《けいけん》も転校《てんこう》の醍醐味《だいごみ》。話《はな》せるようになると楽《たの》しいよ！

おぼえるコツ

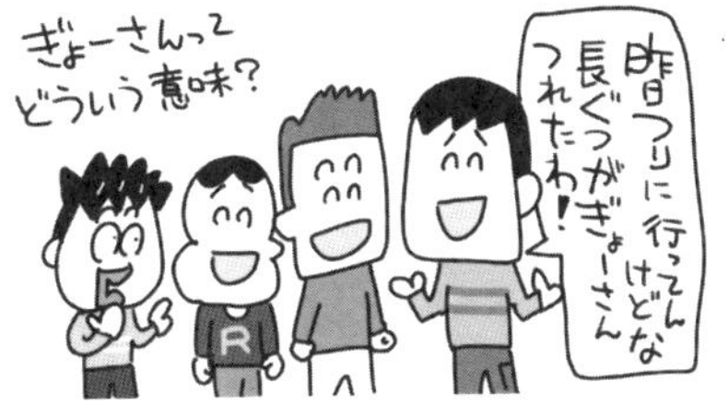
ぎょーさんって どういう意味？
昨日つりに行ってんけどな 長ぐつがぎょーさん つれたわ！

ききやすい友達《ともだち》を見《み》つけよう！

「今《いま》のなんていう意味《いみ》？」ってきいてみよう！話《はな》しやすい子《こ》にきけばちゃんと答《こた》えてくれるはずだよ。

ワイワイ
いけず
はい！次はボク

保護者《ほごしゃ》にきいてみよう！

方言《ほうげん》がわからないのは保護者《ほごしゃ》もいっしょ。わからない言葉《ことば》を家族《かぞく》でもち寄《よ》って、インターネットで調《しら》べるなどしておぼえよう！

きく・話《はな》すコツ

「せんせい」で こんなにちがう
東京 せんせい
ここを強く
関西 せんせい

ポイントはイントネーション！

地方《ちほう》によって、言葉《ことば》を話《はな》すときの声《こえ》の上《あ》がり下《さ》がり、つまりイントネーションがちがうんだ。これはとにかくきいておぼえるしかない！ だんだん慣《な》れてくるから大丈夫《だいじょうぶ》だよ！

ファイト

慣《な》れてきたら しゃべってみよう。友達《ともだち》と同《おな》じように話《はな》せるようになると楽《たの》しいよ!!

本当《ほんとう》の自分《じぶん》が出《だ》せなくてつらい

前《まえ》の学校《がっこう》では
おわらい担当《たんとう》で
授業中《じゅぎょうちゅう》もヘンな質問《しつもん》を
したり、
先生！奈良って いいにおいですか？
われらのみどり
しょうがっこー
音楽《おんがく》の授業《じゅぎょう》で
大声《おおごえ》で歌《うた》ったりして
はしゃいでいたひろと……
でも新《あたら》しい学校《がっこう》では、
おわらい担当《たんとう》はほかに
いるし、
なんでやねん!!
アハハハ
あ～
あ～
もじもじ
音楽《おんがく》の授業《じゅぎょう》では
はずかしくて
ふつうに歌《うた》うこと
すらできない……
そうこうしているうちに、
先生《せんせい》！その難問《なんもん》は何問《なんもん》？
こら！静《しず》かにしなさい！
まじめな人間《にんげん》だと
思《おも》われてしまった！
ちょっとは ひろとくんを 見習《みなら》いなさい！
ムリやムリやー
ぼく!?
本当《ほんとう》の自分《じぶん》は
ちがうのに……。
どうしよう!!

変化《へんか》した自分《じぶん》……、それは成長《せいちょう》した自分《じぶん》

急《きゅう》に新《あたら》しいところに来《き》たから、今《いま》までの自分《じぶん》が出《だ》せなくなって、なんだかもどかしい気《き》がする……。でもそれってじつは成長《せいちょう》なんだ！
転校《てんこう》をせずに前《まえ》の学校《がっこう》にそのままいたとしても、たとえばクラスがえをきっかけに、今《いま》までの自分《じぶん》とはちがったキャラクターになっていたかもしれないよ。
もってる性格《せいかく》はそれほど変《か》わらないから、だんだんいつもの自分《じぶん》が行動《こうどう》に出《で》てくるし、新《あたら》しいクラスメイトもわかってくる。あせらないで大丈夫《だいじょうぶ》！

環境《かんきょう》に合《あ》わせて変化《へんか》した自分《じぶん》
＝
成長《せいちょう》した本当《ほんとう》の自分《じぶん》

とまどうことも多《おお》いけど、たいていは時間《じかん》が解決《かいけつ》してくれる

転校《てんこう》を新《あたら》しい自分《じぶん》になれるチャンスとして考《かんが》えてもおもしろいかも！

第3章

恋愛《れんあい》の進《すす》み具合《ぐあい》がちがってついていけない！

ねえねえ 昨日《きのう》のサッカー見《み》た？
見《み》た見《み》た！ それよりさ、好《す》きな子《こ》できた？
え！
いや べつに……！
じつはさ、オレ、ちひろが好《す》きやねん
誕生日《たんじょうび》に告白《こくはく》するつもりやねんけど……、絶対《ぜったい》に言《い》うなよ
○○、めっちゃかわいいよなー!!
ちなみに ゆうきとまなみはつきあってんねんで！
へ、へぇー
前《まえ》の学校《がっこう》では女《おんな》はうるさい！とか言《い》って対立《たいりつ》ばかりしてたのに……進《すす》んでる〜〜！

アドバイス

恋《こい》をするのもよし！ きき役《やく》にまわるのもよし！

恋愛《れんあい》の進《すす》み具合《ぐあい》がちがってとまどうこともあるよね。
恋愛《れんあい》はあせってしてもいいことないよ。
恋《こい》のおとずれを気長《きなが》に待《ま》とう。

恋愛《れんあい》の話《はなし》をするときは、ちょっとした注意《ちゅうい》が必要《ひつよう》！

新《あたら》しい恋《こい》が見《み》つかったら

話《はな》すのは信頼《しんらい》できる子《こ》にだけ

口《くち》の軽《かる》い子《こ》には話《はな》さない！ 教室中《きょうしつじゅう》に広《ひろ》まっちゃったりするよ。

状況《じょうきょう》をたしかめて

だれかが好《す》きな人《ひと》を「好《す》き」と言《い》ってしまうと、ややこしいことになるかもしれない。だれがだれを好《す》きかをチェックしておこう。

好《す》きじゃない子《こ》のことを「好《す》きでしょ?」ってきかれたら

「きらい」「あんなやつ」と答《こた》えがちだけど、「ふつうだよ」とか「特別《とくべつ》に何《なに》か思《おも》ったことはないよ」と答《こた》えよう。

きらいだよ あんなやつ
ひどい…
え!?

きき役《やく》にまわる

まだ自分《じぶん》には恋愛《れんあい》は早《はや》いな～と思《おも》う人《ひと》は、きき役《やく》にまわろう！ いつかくるマイ恋愛《れんあい》ブームに向《む》けて予習《よしゅう》をするのだ！

この前○○に告ったんやけど好きなやつがおるんやって…
そっかー

きいた話《はなし》を言《い》いふらさないこと！ 転校生《てんこうせい》のきみにはとくに信頼《しんらい》が大切《たいせつ》だ

転校生《てんこうせい》のピンチ＆ビックリ！本当《ほんとう》にあったあんなこと・こんなこと

ゆうと
中学《ちゅうがく》1年生《ねんせい》のときに転校《てんこう》

不良《ふりょう》グループに休《やす》みの日《ひ》に遊《あそ》びにさそわれた！ 怖《こわ》かったので、親戚《しんせき》の家《いえ》に行《い》く予定《よてい》があると言《い》ってことわった。
家族《かぞく》のことを理由《りゆう》にことわると、ことわりやすいよ！

チッ
ちょうどその日は親せきのうちに…ざんねんだなー

なな
小学《しょうがく》5年生《ねんせい》のときに転校《てんこう》

対立《たいりつ》しているふたつのグループからさそわれた！ 毎日《まいにち》かわるがわるさそわれたけど、どっちに入《はい》っても気《き》まずいので、どちらにも入《はい》らず個人的《こじんてき》な友達《ともだち》づきあいだけにしたよ。

りょうま
小学《しょうがく》3年生《ねんせい》のときに転校《てんこう》

大阪《おおさか》で阪神《はんしん》タイガースを「さーんしーんタイガース！」って歌《うた》ったらめっちゃ怒《おこ》られた！
巨人《きょじん》ファンだということは、だまっておいた（笑《わらい》）。

さーんしーんタイガース♪
しばくぞわれ！
えっ

ほのか
小学《しょうがく》6年生《ねんせい》のときに転校《てんこう》

関西《かんさい》では軽《かる》い気持《きも》ちで言《い》うのが「アホ」だったから、東京《とうきょう》で「バカ」と言《い》われるのがすごくイヤだった！
でも何年《なんねん》かしたら、自然《しぜん》と自分《じぶん》も口《くち》にするようになって、「東京《とうきょう》に染《そ》まったなー」と思《おも》った（笑《わらい》）。

あおし
小学《しょうがく》4年生《ねんせい》のときに転校《てんこう》

転校前《てんこうまえ》は野球《やきゅう》でキャッチャーをやっていたんだけど、転校先《てんこうさき》ではずっとやっている人《ひと》がいたのでやらせてもらえなかった。
でも、練習《れんしゅう》をがんばったら、セカンドでレギュラーになれた！

りさ
小学《しょうがく》5年生《ねんせい》のときに転校《てんこう》

アメリカからの帰国子女《きこくしじょ》のわたし。日本《にほん》では周囲《しゅうい》と少《すこ》しでもちがうとやたらとおどろかれるのが不思議《ふしぎ》だった。

第3章

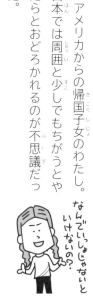

りょう
小学《しょうがく》6年生《ねんせい》のときに転校《てんこう》

小《しょう》6の転校《てんこう》だったんだけど、卒業文《そつぎょうぶん》集《しゅう》を書《か》けと言《い》われても思《おも》い出《で》がなくてあせった！　でも出会《であ》いとわかれは転《てん》校生《こうせい》ならではの体験《たいけん》なので、それをテーマに書《か》いたよ。

思い出なんてない!!

まさたか
小学《しょうがく》5年生《ねんせい》のときに転校《てんこう》

親《おや》の都合《つごう》でとなりの学区《がっく》の学校《がっこう》に転校《てんこう》したんだけど、前《まえ》の学校《がっこう》の友達《ともだち》とばったり会《あ》ってしまうのがなんだかはずかしかった。とくに駅《えき》とスーパーは会《あ》いやすいのでヘンにきんちょうしたな……。

あれ?
転校したんじゃ…
やっやぁ

あすか
小学《しょうがく》2年生《ねんせい》と5年生《ねんせい》で2度転校《どてんこう》

めずらしい名字《みょうじ》なので、1度目《どめ》の転《てん》校《こう》では、ヘンなあだ名《な》をつけられた。だから2度目《どめ》の転校《てんこう》では、自己紹介《じこしょうかい》のとき、下《した》の名前《なまえ》でよばれてると言《い》って、ヘンなあだ名《な》をつけられないようにしたよ。

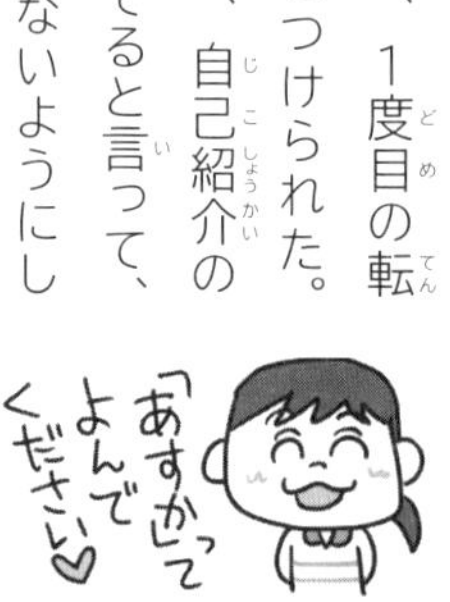
「あすか」ってよんでください♡

さくら
中学《ちゅうがく》2年生《ねんせい》のときに転校《てんこう》

転校《てんこう》したばかりのとき、新品《しんぴん》で気《き》に入《い》ってた文房具《ぶんぼうぐ》をぬすまれた。うらやましがられるものや、めずらしいもの、大切《たいせつ》なものは、学校《がっこう》にもっていっちゃいけないと思《おも》った……。

ないっ!!

たくさんのピンチやビックリがあったけど、
おどろかせたかな？
もちろん、全部《ぜんぶ》きみに起《お》こるわけじゃないから安心《あんしん》してね！
ひとつでもふたつでも起《お》きたときにどうするか。
そしてもっとこまったときにどうするか。
そのヒントになるといいな。
ちょっとしたアイデアでだいたいのことは
乗《の》りきれるはずなんだ！
そして、これだけはおぼえておいてほしい。
このピンチがきみたちを強《つよ》くする！
人《ひと》の痛《いた》みのわかるやさしい人《ひと》になれるチャンスでもあるんだ！

ぎょーさんって どういう意味？
昨日つりに行ってんけどな 長ぐつがぎょーさん つれたわ！

教えるで〜
ありがとう！

成長
NEW ひろと

アドバイス

学校《がっこう》以外《いがい》の世界《せかい》をもとう！

新《あたら》しい学校《がっこう》、クラスになじめなかったり、勉強《べんきょう》や遊《あそ》び、友達関係《ともだちかんけい》で
うまくいかないとき、自分《じぶん》をおしこめてばかりだとしんどいよね。
まわりに合《あ》わせようとすればするほどドツボにはまる……。
そんなときに助《たす》けになるのが「学校以外《がっこういがい》の世界《せかい》」だよ。

学校外《がっこうがい》の集団《しゅうだん》に入《はい》ってみる

自分《じぶん》のすんでいる地域《ちいき》にどんな団体《だんたい》があるか保護者《ほごしゃ》といっしょにさがしてみよう。
同《おな》じ学校《がっこう》の子《こ》がいたら友達《ともだち》になれるかも。
いろんなものの見方《みかた》が学《まな》べるし、新《あたら》しい人間関係《にんげんかんけい》ができるよ。

チームスポーツ！

地域《ちいき》の少年《しょうねん》サッカーチームや
野球《やきゅう》チームなどに入《はい》る

個人《こじん》スポーツ！
えい！

剣道《けんどう》、空手《からて》、テニス、水泳《すいえい》などの
サークルや教室《きょうしつ》に入《はい》る

アウトドア！

ボーイ・ガールスカウトに入《はい》る

習《なら》い事《ごと》いろいろ！

英会話教室《えいかいわきょうしつ》、バレエ教室《きょうしつ》などに入《はい》る

自分《じぶん》だけで没頭《ぼっとう》できる“自分《じぶん》だけの世界《せかい》”

転校《てんこう》でひとりの時間《じかん》がふえた人《ひと》は、自分《じぶん》と対話《たいわ》するまたとないチャンスだと思《おも》って！ 夢中《むちゅう》になれるものが見《み》つかると、人《ひと》とのコミュニケーションにも役《やく》に立《た》つんだ。

読書《どくしょ》

音楽《おんがく》をきく、演奏《えんそう》する

絵《え》をかく

おわらいにハマる

昆虫採集《こんちゅうさいしゅう》＆観察《かんさつ》

学校《がっこう》でうまくいかないときがあっても、自分《じぶん》にはこれがあるから大丈夫《だいじょうぶ》！ って思《おも》えることはすごくだいじなんだ。なんでもいいから、ひとつでも学校以外《がっこういがい》の時間《じかん》で夢中《むちゅう》になれることが見《み》つかると、きみの心《こころ》のささえになるよ！

びっくりした文化《ぶんか》のちがいアレコレ

参加《さんか》メンバー

かのん 岩手県《いわてけん》から福岡県《ふくおかけん》へ

たくま 東京都《とうきょうと》から大阪府《おおさかふ》へ

みな 兵庫県《ひょうごけん》から東京都《とうきょうと》へ

ゆいと 秋田県《あきたけん》から愛媛県《えひめけん》へ

あきな 広島県《ひろしまけん》から北海道《ほっかいどう》へ

たくま 転校《てんこう》っていうと、やっぱり言葉《ことば》のちがいにびっくりするよね。

かのん うんうん。わたしは岩手《いわて》から福岡《ふくおか》だったんだけど、福岡弁《ふくおかべん》の「〜ばい」っていうのが男《おとこ》らしい感《かん》じがした！

あきな 福岡弁《ふくおかべん》ってあこがれるよね。北海道《ほっかいどう》ではすっごく寒《さむ》いときに、「しばれるねぇ」って言《い》うのよ。

ゆいと 「しばられる」みたいだね！ 愛媛《えひめ》では黒板《こくばん》消《け》しのことを「ラーフル」って言《い》っててびっくりした！

みな おもしろーい！ なんのことだかわからないよね。わたしは兵庫《ひょうご》から東京《とうきょう》に来《き》たけど、関西弁《かんさいべん》がぬけなくてわらわれたな〜。だんだん東京《とうきょう》の言葉《ことば》にそまっていったけど、「〜じゃん」って言葉《ことば》には抵抗《ていこう》があって使《つか》わないようにしてた。

たくま 関西《かんさい》の人《ひと》は「〜じゃん」ってきらいだよね。ぼくは大阪《おおさか》に行《い》って「〜じゃん」を「〜やん」に変《か》えました（笑《わらい》）。

あきな 大阪弁《おおさかべん》って怖《こわ》そうだと思《おも》っていたけど、北海道《ほっかいどう》でできた友達《ともだち》には、広島弁《ひろしまべん》のほうが怖《こわ》いと言《い》われたな〜。

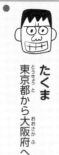

あきな

じゃんけんのかけ声《ごえ》もちがってなかった？ 北海道《ほっかいどう》で「じゃんけんじゃがいも北海道《ほっかいどう》、あいこでアメリカヨーロッパ」って友達《ともだち》が言《い》いだしてびっくりしたよ！

かのん

北海道《ほっかいどう》が入《はい》っていておもしろい！ 福岡《ふくおか》ではシンプルに「じゃいけん しっ！」だよ。

みな

兵庫県《ひょうごけん》も「じゃいけん」なんだけど、ゆっくり「じゃーいけーんで・ほ・い！」だった！ 東京《とうきょう》では「じゃんけんほい！」で、はやくてびっくりしたよ。

ゆいと

給食《きゅうしょく》もけっこうちがわなかった？ 愛媛《えひめ》ではみかんジュースが出《で》たよ！

あきな

えー！ いいな！ でも北《ほっ》海道《かいどう》はイカめしが出《で》たよ！

たくま

北海道《ほっかいどう》っぽいねー！ 大阪《おおさか》ではなんといってもたこ焼《や》きがうれしかった!!!

かのん

たこ焼《や》き食《た》べたい！ 福岡《ふくおか》ではとんこつラーメンが出《で》たし、地方《ちほう》ごとに特色《とくしょく》があるんだねー！

みな

給食《きゅうしょく》のワゴンをとりに行《い》くのもちがいがあった！ 前《まえ》の学校《がっこう》では給食室《きゅうしょくしつ》まで給食当番《きゅうしょくとうばん》がとりに行《い》って階段《かいだん》をのぼって運《はこ》んでいたけど、次《つぎ》の学校《がっこう》ではエレベーターで各階《かくかい》まで運《はこ》んでくれていて、それをとりに行《い》くだけですんだの。

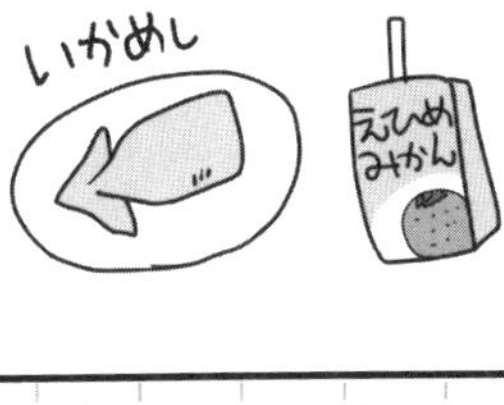

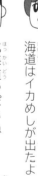

たくま

授業《じゅぎょう》のやり方《かた》もちがってびっくりしなかった？　転校《てんこう》したら宿題《しゅくだい》がいっぱい出《で》て大変《たいへん》だった！

かのん

わたしは小《しょう》3の2学期《がっき》に福岡《ふくおか》に来《き》たら、もう習字《しゅうじ》の授業《じゅぎょう》がはじまってて、とまどった。岩手《いわて》では小《しょう》4からやる予定《よてい》だったの。

みな

東京《とうきょう》では受験《じゅけん》する子《こ》が多《おお》いので、学校《がっこう》の授業《じゅぎょう》もレベルが高《たか》くてついていくのが大変《たいへん》だったよ！　でも運動《うんどう》のにがてな子《こ》が多《おお》くて、運動会《うんどうかい》ではかつやくできたんだ。

あきな

逆《ぎゃく》にわたしは、広島《ひろしま》から北海道《ほっかいどう》で、のんびりしたところに引《ひ》っ越《こ》せたので、助《たす》かったな～。大《おお》きな公園《こうえん》も多《おお》いから、思《おも》いきり遊《あそ》べて楽《たの》しかった。冬《ふゆ》はめちゃくちゃ寒《さむ》いけど！　冬《ふゆ》にスキーの授業《じゅぎょう》があるのがうれしいんだよね。

ゆいと

さすが北海道《ほっかいどう》だね！　転校先《てんこうさき》では授業中《じゅぎょうちゅう》に、ハンドサインというのを使《つか》っていて、先生《せんせい》が「どうですか？」と言《い》ったら、グー…「賛成《さんせい》です」チョキ…「反対《はんたい》です」パー…「つけたしです」というふうに手《て》をあげるようになっていておどろいた！

あきな

こうやって話《はな》してみると、どこに行《い》ってもけっこうちがうものなんだね！

たくま：今《いま》までの常識《じょうしき》とか関係《かんけい》ない！

かのん：でも、とにかく目《め》の前《まえ》のことを一生懸命《いっしょうけんめい》やってるうちに慣《な》れてくるよね！

ゆいと：いろいろなことを経験《けいけん》できるのが転校《てんこう》のいいところだよね。

みな：いろんな価値観《かちかん》をもった友達《ともだち》ができてよかったと思《おも》う！

言葉《ことば》やじゃんけん、食《た》べ物《もの》や授業《じゅぎょう》の進《すす》み方《かた》まで
ちがうことだらけだったね。
でも「ちがう」ことを「あたりまえ」、
「ちがう」からこそ「おもしろい」と思《おも》って、
目《め》の前《まえ》のことを楽《たの》しむのがだいじなんだ。

大人《おとな》も大変《たいへん》みたい！

転校生生活《てんこうせいせいかつ》がうまくいかないとき、ふとこういった感情《かんじょう》がわいてくることがある。

「大人《おとな》のつごうで転勤《てんきん》なんかして！」

「前《まえ》の学校《がっこう》のほうが楽《たの》しかったのに！」

「子《こ》どもだからってすぐに慣《な》れるわけないだろ！」

わかる！

前《まえ》の学校《がっこう》でうまくいっていたのだとしたら、なおさらだよね。でもね。少《すこ》し想像《そうぞう》してみてほしい。保護者《ほごしゃ》は職場《しょくば》のつごうで転勤《てんきん》しただけって場合《ばあい》が多《おお》い。新《あたら》しい環境《かんきょう》に慣《な》れるのが大変《たいへん》なのは同《おな》じじゃないかな、と。

新《あたら》しい職場《しょくば》の人《ひと》と新《あたら》しい人間関係《にんげんかんけい》をつくらないといけない……。

まったく知《し》らない地域《ちいき》の人《ひと》たちとうまくやっていかないといけない……。

そうなんだ、じつは大人《おとな》も大変《たいへん》なんだ。

何《なに》も言《い》わないのは、きみたちを不安《ふあん》にさせてはいけないと思《おも》っているからかも。

だから、きみは学校《がっこう》であった話《はなし》をどんどん話《はな》してみよう！　こまったことがあればアドバイスをくれたり、共感《きょうかん》してくれるはずだよ！　保護者《ほごしゃ》はきみの一番近《いちばんちか》くにいる味方《みかた》なんだ。

いっしょに転校生生《てんこうせいせい》活《かつ》をのりこえよう！

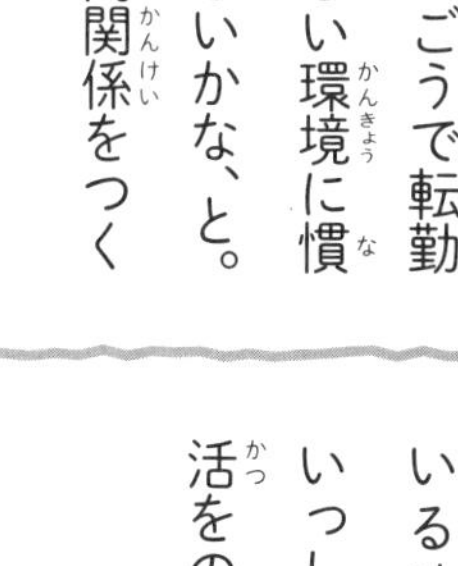

第《だい》4章《しょう》

きいてみた！ 転校生《てんこうせい》の生《なま》の声《こえ》

転《てん》校《こう》生《せい》仲《なか》間《ま》はどうしているのかな？

だいぶ転《てん》校《こう》生《せい》生《せい》活《かつ》にも慣《な》れてきたねー
いろいろあったけどね！
でもほかの学《がっ》校《こう》へ転《てん》校《こう》した人《ひと》たちもこんな感《かん》じなのかな？
それ気《き》になるね！
転《てん》校《こう》生《せい》どうしだから、転《てん》校《こう》生《せい》仲《なか》間《ま》だもんね！
じゃあ、仲《なか》間《ま》たちに様《よう》子《す》をきいてみようか！
さんせーい！

いろいろなピンチをのりこえて、
転校生活《てんこうせいかつ》にも慣《な》れてきたひろととゆい。
でも、ほかの学校《がっこう》へ転校《てんこう》した転校生仲間《てんこうせいなかま》たちが、
どうやってのりこえていってるかも気《き》になるよね。
この章《しょう》では、その仲間《なかま》たちから、
転校生活《てんこうせいかつ》でのピンチや、のりこえるコツ、
転校《てんこう》のいいところをきいてみたよ。参考《さんこう》にしてね！

ぼくはこうやって友達《ともだち》ができた

ぼくは、えいすけ。ぼくは小《しょう》4のときに転校《てんこう》したよ。島根県《しまねけん》から千葉県《ちばけん》への転校《てんこう》だった。
ドッジボールやろう
最初《さいしょ》はクラスに少《すこ》し友達《ともだち》ができたくらいだった。

休《やす》み時間《じかん》や、放課後《ほうかご》にほかのクラスの子《こ》とも遊《あそ》ぶこともあったけど、きんちょうしてあまりなかよくなれなかったんだ。
転校生？
う、うん

転校《てんこう》してしばらくしてから、小学校《しょうがっこう》のサッカーチームに入《はい》ったんだ。サッカーはやったことがなくて、半分《はんぶん》親《おや》に入《い》れられたようなものだけどね。
2組の吉田！
よろしくー！
そしたら、練習《れんしゅう》のときにクラスメイトがほかのクラスの子《こ》を紹介《しょうかい》してくれたりして、少《すこ》しずつ友達《ともだち》がふえてきた！

すごくうまくて
話《はな》しにくい
感《かん》じの子《こ》がいたけど、
ヘタなりに
一生懸命《いっしょうけんめい》やってたら
みとめてくれて、
なかよくなれた!!
やるな
サッ
その子《こ》とは、その後《あと》も
ずっといっしょに
サッカーをやって、
親友《しんゆう》になったよ。
休《やす》み時間《じかん》に
ほかのクラスの子《こ》とも
遊《あそ》べるようになって、
だんだん学校《がっこう》も
楽《たの》しくなってきた。
5クラスもあって
人数《にんずう》の多《おお》い学校《がっこう》
だったから、
サッカーチームに
入《はい》ってなかったら、
ずっと話《はな》さないまま
だった子《こ》もいたと思《おも》う。
ワー
ワー
サッカーチームに
入《はい》ってよかった!

小学校《しょうがっこう》の生徒《せいと》がいっぱい所属《しょぞく》しているスポーツチームに入《はい》ると、友達《ともだち》がつくりやすいよね。友達《ともだち》はいっぱいつくればいいというものではないけど、知《し》り合《あ》いがふえると、その分《ぶん》、気《き》の合《あ》う子《こ》を見《み》つけやすいんだよね。親友《しんゆう》ができてよかったね!

いじめっ子《こ》に笑顔《えがお》であいさつしてみたら……

わたしは、さちっこ。
小《しょう》2で福岡《ふくおか》に
引《ひ》っ越《こ》したんだ。
こんにちは
転校《てんこう》した日《ひ》、
ひとりのおとなしい
女《おんな》の子《こ》、柴田《しばた》さんが
声《こえ》をかけてくれて
なかよくなった！
でもクラスには
ボス的女子《てきじょし》がいて
その子《こ》と、とりまきに
いきなり無視《むし》されたの。
フン
ヒソヒソ
ヒソヒソ
怖《こわ》いなぁ
なぜか無視《むし》されている
自分《じぶん》がはずかしく
思《おも》えて、親《おや》にも先生《せんせい》にも
相談《そうだん》しなかったの。
学校たのしい？
うん
そこではじめたのが
あいさつ大作戦《だいさくせん》！
おはよう！
無視《むし》されても
とにかく
こちらから
毎日《まいにち》あいさつ！
だって
こっちには
無視《むし》する理由《りゆう》は
ないんだもん！

そしたらある日《ひ》、ボス&とりまきによびだされた！
何《なに》、その服《ふく》。いつも新《あたら》しい服着《ふくき》て、目立《めだ》ちたいわけ？
バカじゃないの？
くやしかった。
関係ないのにゴメンいつもありがとう……
何《なに》より柴田《しばた》さんに申《もう》し訳《わけ》なかった……
いいよいいいよ
絶対《ぜったい》に負《ま》けない！次《つぎ》の日《ひ》からも作戦《さくせん》を続《つづ》けた！
だって自分《じぶん》には無視《むし》する理由《りゆう》がないから。
おはよう！
うぐ……
そんな毎日《まいにち》を送《おく》っていたある日《ひ》……ついにボス女子《じょし》がふつうに話《はな》しかけてきた！
ねぇ
昨日《きのう》のテレビ見《み》た？
う、うん！
ドキ
作戦《さくせん》大成功《だいせいこう》だね！

自分《じぶん》が無視《むし》されても、自分《じぶん》が無視《むし》をする理由《りゆう》がない、という堂々《どうどう》とした態度《たいど》が相手《あいて》の気持《きも》ちを変《か》えたんだね。すごい。いっしょにいてくれた柴田《しばた》さんの存在《そんざい》も大《おお》きいよね！友達《ともだち》でも保護者《ほごしゃ》でも、ひとりでもいいから味方《みかた》がいると心強《こころづよ》いね。

転校《てんこう》は新《あたら》しい自分《じぶん》になれるチャンス!?

ぼくは、たけし。小《しょう》5のとき、東京《とうきょう》から大阪《おおさか》に引《ひ》っ越《こ》したよ。
東京時代
Aくん
ウッキー
ちゃんとそうじしなさいよ!
東京《とうきょう》の学校《がっこう》ではおちゃらけキャラだったけど、じつはしっかり者《もの》のAくんにあこがれていた!
転校《てんこう》は新《あたら》しい自分《じぶん》になるキャラ変《へん》のチャンス!
キラーン
しっかり者《もの》のイメージで行動《こうどう》してみた!
ハイ
委員《いいん》に積極的《せっきょくてき》に立候補《りっこうほ》する!
ハイ
授業中《じゅぎょうちゅう》に手《て》をあげる!
ハイ
そうじをまじめにやる!
転校生すごっ!!

しかし……
ある日《ひ》授業中《じゅぎょうちゅう》に
手《て》をあげたら
つうこんの
ミス!
ブ〜!
ブ〜って
だれが不正解《ふせいかい》やねん!
まだ
答《こた》えてへんわ!
ドッ
アッハッハッハッ
そうじせいや!
ウッキー
結局《けっきょく》、もとの
おちゃらけキャラに
もどってしまった。

たしかに転校《てんこう》は新《あたら》しい自分《じぶん》になるチャンス!!
ただ、それをずっと続《つづ》けるには、それなりの努力《どりょく》が必要《ひつよう》
ってことだね(笑《わらい》)。
でも、前《まえ》ダメだった部分《ぶぶん》をよくしようというのは、
すごくいいことだよね! 無理《むり》のない範囲《はんい》でがんばろう!

コツは「なめられない」けど「でしゃばらない」

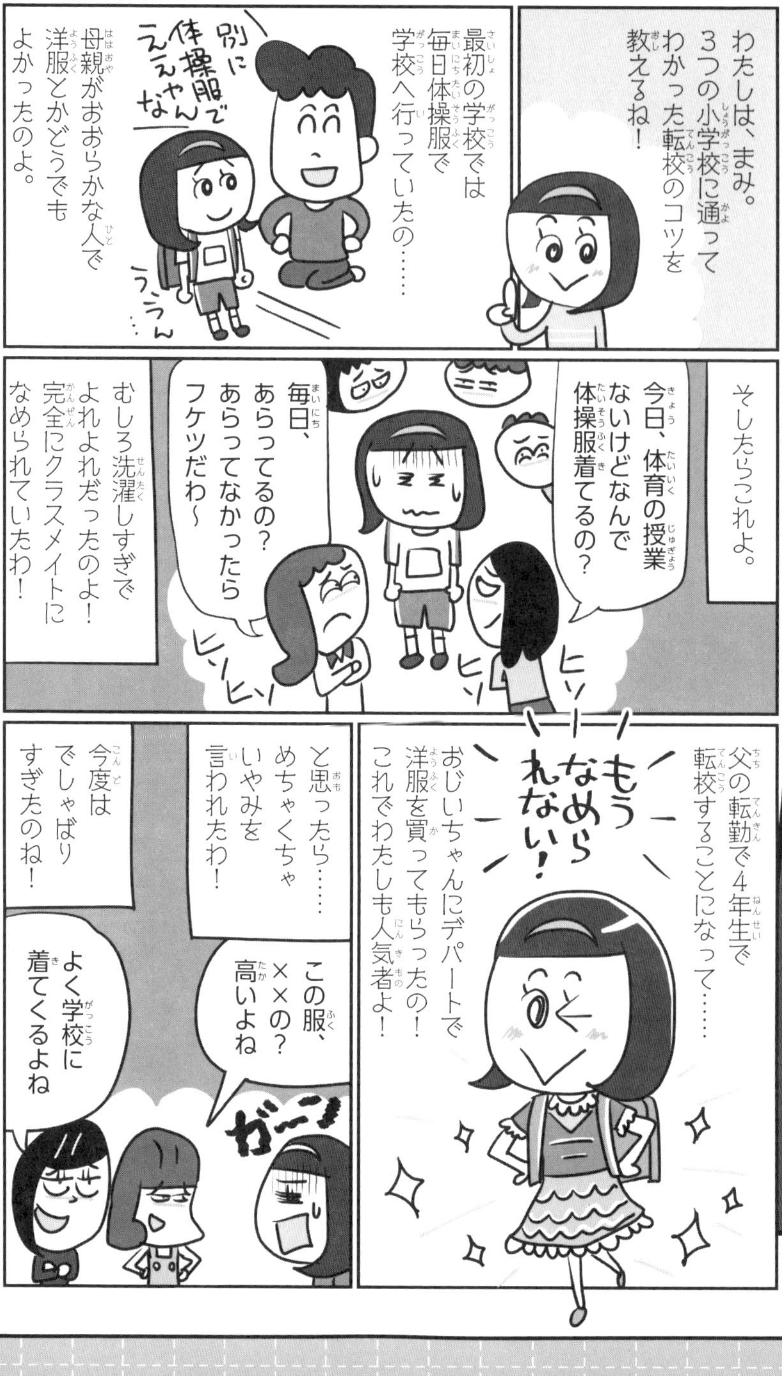
わたしは、まみ。3つの小学校《しょうがっこう》に通《かよ》って わかった転校《てんこう》のコツを 教《おし》えるね！
最初《さいしょ》の学校《がっこう》では 毎日《まいにち》体操服《たいそうふく》で 学校《がっこう》へ行《い》っていたの……
別に 体操服で ええやんな
ううん……
母親《ははおや》がおおらかな人《ひと》で 洋服《ようふく》とかどうでも よかったのよ。
そしたらこれよ。
今日《きょう》、体育《たいいく》の授業《じゅぎょう》 ないけどなんで 体操服《たいそうふく》着《き》てるの？
毎日《まいにち》、 あらってるの？ あらってなかったら フケツだわ～
ヒソ ヒソ ヒソ ヒソ
むしろ洗濯《せんたく》しすぎで よれよれだったのよ！ 完全《かんぜん》にクラスメイトに なめられていたわ！
父《ちち》の転勤《てんきん》で4年生《ねんせい》で 転校《てんこう》することになって……
おじいちゃんにデパートで 洋服《ようふく》を買《か》ってもらったの！ これでわたしも人気者《にんきもの》よ！
もう なめら れない！
と思《おも》ったら…… めちゃくちゃ いやみを 言《い》われたわ！
この服《ふく》、 ××の？ 高《たか》いよね
が～ン！
よく学校《がっこう》に 着《き》てくるよね
今度《こんど》は でしゃばり すぎたのね！

そんなとき
またまた
父《ちち》が転勤《てんきん》。
6年生《ねんせい》で転校《てんこう》
することに。
3度《ど》めの正直《しょうじき》！
今度《こんど》はノーブランドの
服《ふく》をチョイス！
ただし、
センスの悪《わる》くない
コーディネイトで、
何《なに》より清潔感《せいけつかん》に
気《き》を配《くば》った。
この学校《がっこう》では
親友《しんゆう》とよべる
存在《そんざい》ができた。
もちろんありのままを
受《う》け止《と》め合《あ》ってこそ
本当《ほんとう》の友達《ともだち》。
だから、ボロ服《ふく》でも
友達《ともだち》になれる子《こ》とは
友達《ともだち》になっていたはず。
でもね
転校《てんこう》には
友達《ともだち》づくり以外《いがい》にも
いろんな苦労《くろう》が
あるわ。
だから
せめて新《あたら》しい
人間関係《にんげんかんけい》づくりは
スムーズに
いってほしい。
そこでコツを
伝授《でんじゅ》するよ。
「なめられない」
けど
「でしゃばらない」！

ウムウム

いじめっ子《こ》は少《すく》なからずどこにでもいるし、弱《よわ》い子《こ》を見《み》つけていじめっ子《こ》になってしまう子《こ》もいるから、堂々《どうどう》とした態度《たいど》でいるというのはとても大切《たいせつ》なことだね。ただでさえ目立《めだ》つ転校生《てんこうせい》だけど、服装《ふくそう》や持《も》ち物《もの》をちょっと意識《いしき》することで、標的《ひょうてき》にされずにすむこともあるんだね。

転校《てんこう》してよかったこと

転校《てんこう》は大変《たいへん》なこともあるけどいいところもいっぱいある!
転校生仲間《てんこうせいなかま》から転校《てんこう》してよかったことをきいてきたよ!
きみも転校《てんこう》のいいところを見《み》つけてみよう!

うまくいっていなかった人間関係《にんげんかんけい》にサヨナラできた!

新《あたら》しい学校《がっこう》で心機一転《しんきいってん》、
友達《ともだち》づくりができる♪

方言《ほうげん》をいくつか操《あやつ》れる!

好《す》きな子《こ》ができた!

いろんな土地《とちし》を知ることができた!

環境変化《かんきょうへんか》に対応《たいおう》できる自信《じしん》がある!

親友《しんゆう》ができた！

故郷《こきょう》がいくつかある！

家《いえ》が広《ひろ》くなった！

給食《きゅうしょく》がおいしくなった！

恩師《おんし》とよべる先生《せんせい》に出会《であ》った！

熱中《ねっちゅう》できる趣味《しゅみ》ができた！

キャラ変《へん》できた！

イケてるキャラに大変身《だいへんしん》！
ある日《ひ》突然《とつぜん》変《か》わるのは
やりづらいけど、
転校先《てんこうさき》ならムリなくできる♪

転《てん》校《こう》生《せい》 あるある カルタ

あるある!
転校生生活で ありがちな ことを カルタに してみたよ!

給《きゅう》食《しょく》の
味《あじ》がちがうよ
合《あ》わないよ
ズズーッ
〜なにこの みそしる!!

教《きょう》科《か》書《しょ》も
体《たい》操《そう》服《ふく》も
おとりよせ
まだ届かないんだー

もう席《せき》がえ?
ひとりあまった
ぽつんだよ
ぽつん…
自由だって おなじ班に なろうぜー!
ワイ

来《き》たばかり
書《か》くことないよ
卒業文集《そつぎょうぶんしゅう》

6年間の思い出を書いてください
ないです！

テレビみたい
ほんとに言《い》うんだ
なんでやねん

なんでやねん！

まだいたの？
だって近場《ちかば》の
転校《てんこう》だもん

○○駅
えっ いいっあの…
まだいたの？

この問題《もんだい》
まだぼくだけは
やってません
わからない……
カキカキ
小テスト
不《ふ》思議《しぎ》だね
なんでかできる
好《す》きな人《ひと》
好きかも
運《うん》動会《どうかい》！
え？ 6月《がつ》に
終《お》わったの？
終わったヨ！
運動会の思い出
ぼくもあった！

質《しつ》問《もん》ぜめ！
ヒーローあつかい
初日《しょにち》だけ…
昨日のはいったい…
どこから来たの？
サッカーやらない？
家どこ？
ワイ
ワイ
アハハハ
あるある!!
奈《な》良《ら》京《きょう》都《と》
もう遠《えん》足《そく》で
行《い》きました
修学旅行
一日目
奈良
二日目
京都
また……
ワイ
ワイ
ワイ
テレビ見《み》よう！
え？ あのアニメ
やってない!?
今日も「ニッコリ岩手」
はじまりまーす！
ニッコリ
岩手
え!?

ジャンケンポン
そんなことさえ
ちがいます

モテたのに…
転校先《てんこうさき》で
チョコはゼロ

ごめんなさい
美男美女《びなんびじょ》では
ありません

きみの名《な》は?
こんな一気《いっき》に
おぼえられん
帰《き》国子女《こくしじょ》
英語《えいご》がペラペラ
とはかぎらん!
日本人学校でしたから!!
英語ペラペラなの?
かっこいいー
メロディオン
鍵盤《けんばん》ハーモニカ
ピアニカ
みんな同じようなことがあるんだねー

転校生《てんこうせい》を受《う》け入《い》れるみんなに
お願《ねが》いしたいこと

わからないこと
ばかりなので、
教《おし》えてね。

遊《あそ》びに
さそって
ほしいな〜

何《なに》が流行《はや》って
いるのか
教《おし》えてほしい〜

方言《ほうげん》を
レクチャー
してくれ！

あだ名《な》でよんで
もらえると
うれしくなるよ。

なんでもいいから
話《はな》しかけてくれると
助《たす》かるよ。

転校生《てんこうせい》だって
ふつうの人《ひと》だよ。
ヘンな期待《きたい》
しないでね。

第《だい》5章《しょう》

大人《おとな》になった「元転校生《もとてんこうせい》」から「転校生《てんこうせい》」へ

入《はい》るぞー
ガチャ
お帰《かえ》りなさーい
お帰《かえ》りなさーい
どうや？ふたりとも友達《ともだち》はできたんか？
う、うんまぁ……
っていうか、お父《とう》さん関西弁《かんさいべん》上手《じょうず》だね
じつはな
お父《とう》さんは小学生《しょうがくせい》のとき千葉《ちば》から大阪《おおさか》に転校《てんこう》したことがあるんだ！

え――――！
それ早《はや》く言《い》ってよ！
ひろし
大《おお》きくなったね――！
お！てんこう虫《むし》！
30年《ねん》ぶりだな〜！
あのときは
世話《せわ》になったな！
お父《とう》さんも
お世話《せわ》に
なったの!?
じゃあさ、
元転校生《もとてんこうせい》から
現役《げんえき》の転校生《てんこうせい》に
アドバイスして
あげたら？
よ〜し！
まかせておけ！
てんこう虫って
なん才なんだ
ろね…

なんと、ひろとのお父《とう》さんは「元転校生《もとてんこうせい》」だった！

友達《ともだち》とのわかれ、文化《ぶんか》のちがいへのとまどい……

転校《てんこう》のなやみはいつの時代《じだい》でも共通《きょうつう》するよね。

この章《しょう》では「大人《おとな》になった元転校生《もとてんこうせい》」が、

きみたち「転校生《てんこうせい》」へアドバイスをくれるよ。

なやみの思《おも》わぬ解決方法《かいけつほうほう》や、転校《てんこう》のいいところがきけるかも！

たくさん友達《ともだち》をつくろうとしなくてもいいんだよ

前《まえ》の学校《がっこう》ではたくさん友達《ともだち》がいたんだけどさー
今《いま》の学校《がっこう》では毎日《まいにち》話《はな》すのはふたりくらいしかいないんだよ
前《まえ》の学校《がっこう》では幼稚園《ようちえん》からの友達《ともだち》もいたし、自然《しぜん》にふえたよね……
幼
どうやったら前《まえ》の学校《がっこう》みたいにたくさん友達《ともだち》できるのかな
たしかに友達《ともだち》はだいじだ…
でも、無理《むり》してたくさんつくることはないんじゃないか?
え? どういうこと?

なんとなく友達《ともだち》がたくさんいたほうがいいと思《おも》っているんじゃないか？
１００人《にん》できるかな？って歌《うた》もあるくらいだしな（笑《わらい》）。
とくに前《まえ》の学校《がっこう》では幼《おさな》なじみのみんなといっしょに育《そだ》ってきて、
友達《ともだち》がたくさんいたなんて場合《ばあい》はあせるかもしれない。
だがな。友達《ともだち》は無理《むり》して「つくる」ものじゃないんだ。
友達《ともだち》は、話《はな》して気《き》が合《あ》ったら自然《しぜん》と「なる」もの。
その結果《けっか》、多《おお》かったり少《すく》なかったりするだけで、人数《にんずう》は関係《かんけい》ない。
まずは、いろんな子《こ》と話《はな》してみることだ。
そして、友達《ともだち》じゃなくてもいい、「知《し》り合《あ》い」をつくってみるんだ。
知《し》り合《あ》いの数《かず》がふえれば、気《き》の合《あ》う友達《ともだち》が見《み》つけやすくなる！
だいじなことは、ひとりでもいいから、気《き》の合《あ》う友達《ともだち》と出会《であ》うこと。
すると、自然《しぜん》と友達《ともだち》の輪《わ》は広《ひろ》がっていくのさ。

新《あたら》しい文化《ぶんか》をまるごと受《う》けとめてみよう！

お父《とう》さんが子《こ》どものころ大阪《おおさか》に来《き》てびっくりしたことって何《なに》？
え！
うーんタイガースファン！
クラスメイト……いや、街中《まちじゅう》がみんなタイガースファンだったんだよ！
フレーフレフレフレー
Tigers
しかもオレが好《す》きだったジャイアンツをライバル視《し》してた
たしかに！うちの学校《がっこう》も！
ゴクリ
で、お父《とう》さんはどうしたの？
オレもタイガースファンになった！（笑《わらい》）
えーー！

転校先《てんこうさき》でびっくりするのが、その地方《ちほう》ならではの文化《ぶんか》や風習《ふうしゅう》のちがいだ。
言葉《ことば》や給食《きゅうしょく》の味《あじ》だけじゃなく、どこの野球《やきゅう》チームやサッカーチームを
おうえんしているか、なんてこともちがって苦労《くろう》したりする。

じゃあ、どうしたらいいのか……。
まずは、新《あたら》しい文化《ぶんか》をまるごと受《う》け止《と》めてみることをおすすめする！
べつにオレみたいに、ジャイアンツファンをやめて
タイガースファンにならなくてもいいんだ。
とにかくこの場所《ばしょ》ではそういう考《かんが》え方《かた》をする、ということを受《う》け止《と》める。
すると相手《あいて》が何《なに》を言《い》われたらイヤなのかも想像《そうぞう》できるようになる。
転校《てんこう》は、世《よ》の中《なか》にいろいろな意見《いけん》や好《この》みがあることがわかるいい機会《きかい》だ。
もしかしたら、自分《じぶん》もそれを好《す》きになったりするかもしれない！
自分《じぶん》に新《あたら》しい価値観《かちかん》が生《う》まれる最高《さいこう》の経験《けいけん》なのさ。
せっかくだから、その文化《ぶんか》のちがいをめいっぱい楽《たの》しんでみることだ。

転校《てんこう》で身《み》につけた特殊能力《とくしゅのうりょく》ベスト10

ところでな お父《とう》さんはじつは スーパーマンなんだ
いきなり何《なに》? 何《なに》か 特殊能力《とくしゅのうりょく》でも あるって いうの?
それが本当《ほんとう》に あるんだよ!
バッ
転校《てんこう》で身《み》につけた 特殊能力《とくしゅのうりょく》がね!

情報集《じょうほうあつ》めが得意《とくい》!

それはね
なるほど!
へー そうなんですか
それはね…
サッ
メモ メモ
情報
サッ

まわりのことを知《し》るため、
きき上手《じょうず》になったよ。

初対面《しょたいめん》に強《つよ》い!

はじめまして!
ニッコリ
ど、どうも
感じのいい人だな……
転

はじめましてをたくさん経験《けいけん》
したから、もう平気《へいき》かも!

いろいろなことに興味《きょうみ》がもてる!

へんなとう
何コレ!おもしろい!
フムフム
そんなことが…
わくわく
歴史

調《しら》べたり、教《おし》えてもらったりする
楽《たの》しさを知《し》っている!

防衛本能《ぼうえいほんのう》が高《たか》い!

サッ
悪
サッ
危
サッ
悪
危

こまった経験《けいけん》をして、トラブルを
さけるワザをおぼえたよ。

個人差《こじんさ》はあるけど、
転校《てんこう》ってつらいこと
ばかりじゃないんだよ！

群《む》れなくなる！

ひとりでもへっちゃら。
フットワークが軽《かる》くなる。

動《どう》じない心《こころ》をもつ！

新《あたら》しい環境《かんきょう》にも動《どう》じない、
強《つよ》い心《こころ》を手《て》に入《い》れた！

人《ひと》の気持《きも》ちがわかる！

つらいこともうれしいことも
経験《けいけん》して、人《ひと》の気持《きも》ちがわかる
ようになったよ。

場《ば》にとけこむ能力《のうりょく》が高《たか》い！

人《ひと》の輪《わ》に入《はい》っていった経験《けいけん》から、
自然《しぜん》にいろんなグループにとけ
こめるんだ。

観察力《かんさつりょく》が発達《はったつ》した！

人《ひと》の性質《せいしつ》を見《み》ぬく目《め》や、
人間関係《にんげんかんけい》を見《み》きわめる力《ちから》が
身《み》についた！

別《わか》れに強《つよ》い！

新《あたら》しい出会《であ》いがあるのを知《し》って
いるから、気持《きも》ちのきりかえが
うまいんだ。

第5章

お父《とう》さんの特殊能力《とくしゅのうりょく》、たくさんあったね！
きみも転校《てんこう》を経験《けいけん》して、もうすでに
いくつかの能力《のうりょく》を身《み》につけているかもしれない！

ここからは、そんな特殊能力《とくしゅのうりょく》が
「どんなお仕事《しごと》の」「どんな場面《ばめん》で」役《やく》に立《た》ったのか、
転校経験者《てんこうけいけんしゃ》の大人《おとな》に話《はな》してもらうよ。
きみの今《いま》の転校経験《てんこうけいけん》が、大人《おとな》になってから役《やく》に立《た》つかも
しれないなんて、ワクワクするよね！
人生《じんせい》にムダなことなんてない。
せっかくの転校経験《てんこうけいけん》をどんどん生《い》かしていこう！

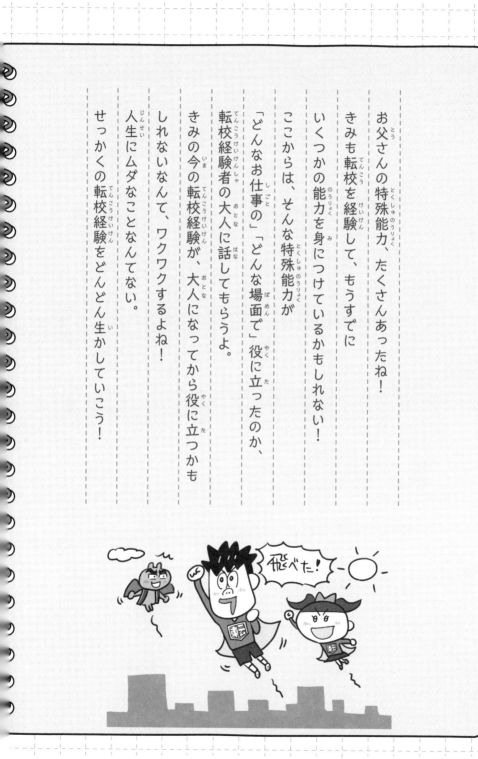

転校経験がこう生きた！ イラストレーター・つぼいひろき

小学校《しょうがっこう》3年《ねん》の2学期《がっき》に東京都《とうきょうと》から兵庫県《ひょうごけん》の学校《がっこう》へ転校《てんこう》。中学校《ちゅうがっこう》2年《ねん》で東京都《とうきょうと》に舞《ま》いもどる。

イラストレーターというと家《いえ》や事務所《じむしょ》で毎日《まいにち》絵《え》を描《か》いているイメージをおもちでしょうか？
かきかき
そんな生活《せいかつ》のどこで転校経験《てんこうけいけん》が役《やく》に立《た》つのかとお思《おも》いですよね！

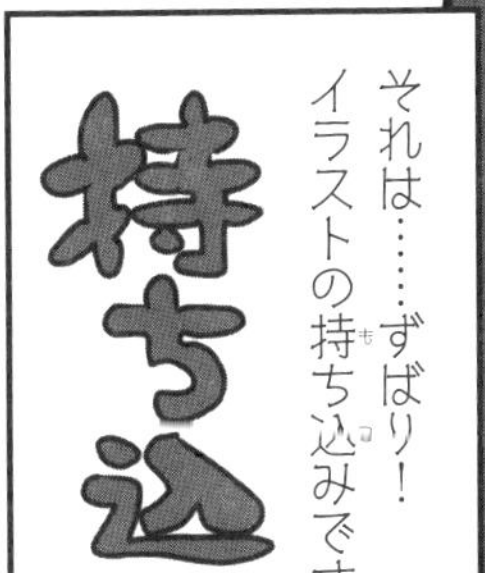
それは……ずばり！イラストの持《も》ち込《こ》みです！
持ち込み

持《も》ち込《こ》みとは、イラストの仕事《しごと》をもらうために出版社《しゅっぱんしゃ》の編集部《へんしゅうぶ》に作品《さくひん》をもって行《い》くこと……。
新人《しんじん》のころ
○○出版
ドドーン
かみの毛いっぱい生えてた

はじめて会《あ》う
編集者《へんしゅうしゃ》にイラストを
見《み》せるのって……
めちゃくちゃ
きんちょうする!
どうしよう!
ドキ
ドキ
でもそんなときは
「転校初日《てんこうしょにち》に
クラスメイトの前《まえ》で
自己紹介《じこしょうかい》をしたときのこと」
を思《おも》い出《だ》すんだ!
えーと東京から~
じろーーーっ
いける!
知《し》らない人何十人《ひとなんじゅうにん》に
いっせいに見《み》られた転校時《てんこうじ》のほうが
よっぽどきんちょうしたよ!
無事《ぶじ》に面会《めんかい》――
こちらが作品《さくひん》ですね
え!?
プロボクサーだったんですか!?
プロフィール
つぼいひろき
・経歴
元プロボクサー
・しゅ味
お酒
・実績
今《いま》はお酒《さけ》をのむのが好《す》きなんですね!

プロフィールは「相手《あいて》が質問《しつもん》したくなるような情報《じょうほう》」を書《か》く。
やっぱりパンチって痛いんですか?
話《はな》しかけやすい雰囲気《ふんいき》をつくること!これも転校《てんこう》で学《まな》んだことだ!
うちではイラストの採用《さいよう》は難《むずか》しいですね
そして、イラストが気《き》に入《い》られなくても落《お》ちこまない!
だって人《ひと》それぞれ好《この》みってちがうじゃない!
ありがとうございました!
ニッコリ
「感《かん》じ方《かた》も常識《じょうしき》も人《ひと》それぞれちがう」そう転校《てんこう》で学《まな》んだから!
次《つぎ》、次《つぎ》!
自分《じぶん》(のイラスト)を気《き》に入《い》ってくれる人《ひと》をじっくりさがすだけだ!

つぼいさんが絵《え》をかくのを好《す》きになったのも、元《もと》はといえば、ヘンテコな絵《え》をかいて転校先《てんこうさき》でウケたことがきっかけだったんだって!転校《てんこう》して大変《たいへん》な思《おも》いもしたけれど、その経験《けいけん》が大人《おとな》になってから役《やく》に立《た》っているんだね!

転校経験《てんこうけいけん》がこう生《い》きた！ 会社員《かいしゃいん》・白井《しらい》タカシ

小学校《しょうがっこう》5年《ねん》で岡山県《おかやまけん》から
宮城県《みやぎけん》の学校《がっこう》へ転校《てんこう》。
現在《げんざい》は、中堅《ちゅうけん》の建設会社《けんせつがいしゃ》の社員《しゃいん》。
現場担当課長《げんばたんとうかちょう》として活躍《かつやく》。

今回《こんかい》の仕事《しごと》は複数《ふくすう》の会社《かいしゃ》で合同《ごうどう》でおこなう大《だい》プロジェクト！
プロジェクトの成功《せいこう》を祈《いの》って
かんぱい！
たくさんの人《ひと》とコミュニケーションをとる必要《ひつよう》がある。
ワー
ワー
たのんだぞ 白井《しらい》…
はい！

こんなとき、場《ば》になじんで情報《じょうほう》をとってくるのがぼくの仕事《しごと》。
まずはあそこから……
T社《しゃ》の白井《しらい》です～
でかい仕事《しごと》になりそうですねー
表向《おもてむ》きはA社《しゃ》が軸《じく》になるけど実作業《じっさぎょう》はB社《しゃ》だよねー
そうなんですね
フムフム
あ、B社《しゃ》だ
すみません～！
今回《こんかい》の実質《じっしつ》メインみたいじゃないですか！
そんなことないよ うちはC社《しゃ》の下請《したう》けみたいなもんだからね
つまり表向《おもてむ》きはA社《しゃ》で実作業《じっさぎょう》はB社《しゃ》、コントロールしているのがC社《しゃ》……
フムフム
転校《てんこう》でつちかった「場《ば》にとけこむ能力《のうりょく》」で、全体《ぜんたい》を把握《はあく》するのだ！

つまり、C社《しゃ》の部長《ぶちょう》！彼《かれ》がこのプロジェクトのキーマンだ！
キラーン
秘技《ひぎ》！「キーマン」を見極《みきわ》めの術《じゅつ》！
すぐさま、上司《じょうし》を紹介《しょうかい》。
ごあいさつさせていただいてもよろしいですか？
こちらこそ！
プロジェクトを必《かなら》ず成功《せいこう》させましょう！
ありがとな！白井《しらい》！
いい仕事《しごと》ができそうだ！

しかも「中立《ちゅうりつ》をキープする」のが得意《とくい》なので、いろいろなグループから裏情報《うらじょうほう》をゲットできることも……
中立
情報
情報
情報
情報
A社
B社
C社
D社
部長《ぶちょう》！こんな情報《じょうほう》が……
ヒソヒソ
おお！それは貴重《きちょう》な情報《じょうほう》だ！
お主《ぬし》、まるで忍者《にんじゃ》みたいだな！
次《つぎ》の会議《かいぎ》もよろしくたのむぞ！
上司《じょうし》からもたよりにされている！
はっ

シュシュ

転校生生活《てんこうせいせいかつ》で身《み》についた「場《ば》にとけこむ能力《のうりょく》」「キーマンを見極《みきわ》める能力《のうりょく》」「中立《ちゅうりつ》をキープできる能力《のうりょく》」が、大人《おとな》になってからの仕事《しごと》でも、とても役《やく》に立《た》っているみたいだね。忍者《にんじゃ》のようにすばやく場《ば》に入《はい》りこみ、情報《じょうほう》を集《あつ》める……、すごいね。かっこいいな！

転校経験《てんこうけいけん》がこう生《い》きた！ おわらい芸人《げいにん》・サンドウィッチマン

富澤《とみざわ》たけし（写真右《しゃしんみぎ》）

1974年《ねん》、東京都《とうきょうと》に生《う》まれるが、生後半年《せいごはんとし》で愛知県《あいちけん》へ、幼稚園卒園間近《ようちえんそつえんまぢか》で新潟県《にいがたけん》へ、小学《しょうがく》4年《ねん》で宮城県《みやぎけん》へ引《ひ》っ越《こ》した。

伊達《だて》みきお（写真左《しゃしんひだり》）

1974年《ねん》、宮城県仙台市《みやぎけんせんだいし》で生《う》まれる。その後《ご》、石巻市《いしのまきし》に移《うつ》り、小学《しょうがく》2年《ねん》で大阪府《おおさかふ》へ引《ひ》っ越《こ》し、小学《しょうがく》5年《ねん》で仙台市《せんだいし》にもどった。

サンドウィッチマン

おわらいコンビ。高校《こうこう》のラグビー部《ぶ》で出会《であ》った伊達《だて》みきおと富澤《とみざわ》たけしが1998年《ねん》に結成《けっせい》。2007年《ねん》M《エム》-1《ワン》グランプリ王者《おうじゃ》。TV・ラジオなどさまざまなメディアで活躍《かつやく》する他《ほか》、みやぎ絆大使《きずなたいし》も務《つと》める。

伊達編《だてへん》
オレは小学校《しょうがっこう》2年《ねん》で宮城県《みやぎけん》の石巻市《いしのまきし》から大阪府《おおさかふ》の学校《がっこう》に転校《てんこう》した。
おいの名前《なまえ》は伊達《だて》みきおだ
めっちゃいなかもんが来《き》たで!
ガヤ
ガヤ
ズーズー弁《べん》ですごくなまってたので教室《きょうしつ》の前《まえ》まで人《ひと》が集《あつ》まってきた!
方言《ほうげん》でけっこういじられたな。
あはは! おいってなんやねん!
でもいじめられてるとは思《おも》わなかった。
ふつうにしてウケてる! おいしい!
キラーン
おいはぼくって意味《いみ》だ
関西弁《かんさいべん》もいろいろおしえてけろ!
おまえめっちゃおもろいな!
「いじられてる」=「おもしろがられてる」って思《おも》えたんだ!
え? ほんとにイヤなときはどうするかって?

オレならこうきくかな。
もしかしてオレのこといじめてる？
え？
そういうつもりじゃ……
ギクッ
いじめになっていることに気《き》づいてない子《こ》も多《おお》い。
友達《ともだち》になれる子《こ》ならやめてくれると思《おも》うんだ。
とにかくわらってすごして、1か月《げつ》もしたらすっかり関西弁《かんさいべん》が身《み》についてた（笑《わらい》）。
ニコニコしてるヤツに悪《わる》いヤツは寄《よ》ってこないよ！
なんでやねん！
自分《じぶん》から話《はな》しかけるようにもがんばったよ！
おわらい芸人《げいにん》だからぜんぜん平気《へいき》そうだって？
ワイワイ
ガヤガヤ
そんなことないって！子《こ》どものころはおわらい芸人《げいにん》じゃないし！
知《し》らない子《こ》ばかりだぜ！やっぱりきんちょうしたな。
ドキドキ
アハハ
話《はな》しかけるときは心《こころ》の中《なか》で自分《じぶん》をはげましたよ。
がんばれ、がんばれ！
コツはとにかく質問《しつもん》すること！
給食《きゅうしょく》はおいしい？
体育館《たいいくかん》はどこ？
なんでもいい！話《はな》すきっかけがだいじなんだ！

転校初日《てんこうしょにち》にはこんなこと言《い》ったよ。
家《いえ》への帰《かえ》り道《みち》をよくおぼえてないから、いっしょに帰《かえ》ってくれないかな？
いいよー
いっしょに家《いえ》をさがしてくれたその子《こ》は、今《いま》はおまわりさんになっている（笑《わらい》）！
大阪生活《おおさかせいかつ》では、父親《ちちおや》と落語《らくご》の舞台《ぶたい》を見《み》に行《い》った。
めちゃくちゃおもろい！
ドッ
ゲラゲラ
ワハハハハ
ハハ
せっかくだから、その土地《とち》の文化《ぶんか》を楽《たの》しむのもオススメ！でもまさか自分《じぶん》が芸人《げいにん》になるなんて思《おも》ってもみなかったな！
小《しょう》5で宮城県仙台市《みやぎけんせんだいし》に2度目《どめ》の転校《てんこう》。
遊《あそ》びに来《こ》いよ！
うん
大阪生活《おおさかせいかつ》をかなり楽《たの》しんでいたから、友達《ともだち》との別《わか》れは本当《ほんとう》につらかった！
小《しょう》5の転校《てんこう》はなかなか難《むずか》しかった。仲間《なかま》とかけっこうできあがってるからね。

わいの名前《なまえ》は、伊達《だて》みきお言《い》います〜
関西弁《かんさいべん》のやつが来《き》たぞ！
ワーイワーイ
ガヤガヤ
今度《こんど》は関西弁《かんさいべん》のせいで教室《きょうしつ》に人《ひと》が集《あつ》まってきた（笑《わらい》）。
2度目《どめ》だからすぐによっしゃって思《おも》ったよ。
キラーン
よっしゃ
なんでやねん!!
東北《とうほく》では関西弁《かんさいべん》はめずらしいからめっちゃウケたなー！
ゲラゲラ
ゲラ
あと……好《す》きな人《ひと》をつくった！
ドッキ
いや、これ、ほんとモチベーションになるよ！その子《こ》を見《み》たくて学校《がっこう》へ行《い》った（笑《わらい》）。
あの子に会える
ルンッ♪
とにかく下《した》を向《む》かない、前《まえ》を向《む》く。わらってすごす。これがオレの転校生魂《てんこうせいだましい》だ！
これは芸人《げいにん》なった今《いま》でも意識《いしき》している。
その後《あと》、仙台市《せんだいし》の中学《ちゅうがく》を経《へ》て、高校《こうこう》に進学《しんがく》。富澤《とみざわ》と出会《であ》うことになる。

富澤編《とみざわへん》
オレはあと1か月《げつ》で幼稚園《ようちえん》を卒園《そつえん》っていうときに、名古屋市《なごやし》から新潟県《にいがたけん》に引《ひ》っ越《こ》した。
幼稚園《ようちえん》だったから転園《てんえん》……のはずが……
リビング
母
たけし!
卒園《そつえん》まで、あと1か月《げつ》だし、行《い》かなくていいか
えー!
なんと幼稚園中退《ようちえんちゅうたい》!
性格的《せいかくてき》に外《そと》で遊《あそ》ぶより家《いえ》でアニメのキャラクターの絵《え》とかかいているのが好《す》きだったから、楽《たの》しくすごしてた。
あと幼稚園《ようちえん》の途中《とちゅう》で入《はい》るより、小学校《しょうがっこう》の最初《さいしょ》から入《はい》れたのはラッキーだった。
でも、小《しょう》2のとき、家《いえ》の近《ちか》くに新《あたら》しい小学校《しょうがっこう》ができて……

家《いえ》が道路《どうろ》から
こっちにある人《ひと》は転校《てんこう》！
これにはなかなかびっくりした（笑《わらい》）。
えー！！
そしてまたもや小《しょう》4のときに新潟県《にいがたけん》から宮城県仙台市《みやぎけんせんだいし》に引《ひ》っ越《こ》ししたんだ。
仙台《せんだい》に転勤《てんきん》がきまったぞ
えー！っ
こうやって転々《てんてん》としていると、いろんなところに友達《ともだち》ができたのはよかったけど、
転校歴《てんこうれき》
名古屋《なごや》
←新潟《にいがた》
←新潟《にいがた》
←仙台《せんだい》
やっぱりそのたびに人間関係《にんげんかんけい》をつくらなきゃいけないのは大変《たいへん》だったな。
幼稚園《ようちえん》ではボスキャラだったから自然《しぜん》と人《ひと》が集《あつ》まってきたけど、新《あたら》しいところではそうはいかない。
これまでの転校《てんこう》で自分《じぶん》から話《はな》しかけないと友達《ともだち》はできないとわかっていた。
行《い》くか！
だから学校《がっこう》に行《い》くときは心《こころ》の中《なか》で気合《きあい》を入《い》れてから家《いえ》を出《で》たよ。

でも、オレは無口《むくち》なほうだし、伊達《だて》とちがってがんがん友達《ともだち》をつくっていくタイプでもない。
あの子《こ》がボスで……
あの子《こ》は世話焼《せわや》き……
あのへんは同《おな》じ幼稚園《ようちえん》なのかなー
じーっ
あの子《こ》はお調子者《ちょうしもの》……
まずは、その場《ば》の空気《くうき》をよんで自分《じぶん》の立《た》ち位置《いち》とか行動《こうどう》をさぐることにしていたんだ。
そしてここぞというときに……
はっはっ
お富《とみ》！おそいよ！
バス出《で》ちゃうぞ！
ごめん！まよっちゃって
まようって毎日《まいにち》通《かよ》ってんだろ

いや、行《い》くか
どうかで
まよったんだ
そこ、まようなよ。
わははは
ボケてわらわせて
いたんだ。
場《ば》の空気《くうき》の流《なが》れとか
人《ひと》の特性《とくせい》を見極《みきわ》めて、
ここぞというときに、
一番《いちばん》いい方法《ほうほう》で、
自分《じぶん》の個性《こせい》を
出《だ》していく。
これがオレの
転校生魂《てんこうせいだましい》だ！
キラッ
そのスタンスは、
サンドウィッチマンを
はじめてからの
仕事《しごと》の場《ば》でも
変《か》わらない。
そう思《おも》うと
転校《てんこう》したから
できたスタイルと
言《い》えるかも
しれないな。
あと家《いえ》でアニメの
キャラクターばかり
かいていたおかげで、
図工《ずこう》の時間《じかん》に注目《ちゅうもく》
されたこともあった。
おわらいでも絵《え》でも
スポーツでもなんでも
得意《とくい》なこと、好《す》きなことが
あると転校《てんこう》では
役《やく》に立《た》つと思《おも》うよ！
スゲー！
うまいね！
その後《あと》、仙台市《せんだいし》の中学《ちゅうがく》を経《へ》て、
高校《こうこう》に進学《しんがく》。
伊達《だて》と出会《であ》うことになる。

伊達《だて》
富澤《とみざわ》
オレたちは
高校《こうこう》のラグビー
部で出会《であ》った。
なあ、いっしょに
スパイク、
買《か》いに行《い》こうぜ
伊
富
あ、いいよ
この光景《こうけい》は今《いま》も
はっきりと
おぼえているし
一生《いっしょう》わすれない。
富澤《とみざわ》はおしゃべりな
タイプじゃないけど、
まちがいなく
おもしろいヤツだった。
あーっ
はっはっは
でさー、近《ちか》くの
ピザ屋《や》がー
ラグビー部《ぶ》は
おもしろいヤツが
多《おお》かったが
伊達《だて》のトークセンスは
ずばぬけていた。
富澤《とみざわ》は言葉《ことば》の
センスがふつうじゃ
なかったんだ！
ちょっと何《なに》言《い》ってる
のかわかんない
ギャハハハ
なんで何《なに》言《い》ってるか
わからないんだよ！
伊達《だて》は他人《ひと》の話《はなし》を
ひろって広《ひろ》げて、
きれいにまとめる
話術《わじゅつ》に優《すぐ》れて
いたんだ。
でもこのときはまさか
自分《じぶん》が富澤《とみざわ》といっしょに
芸人《げいにん》になるなんて
思《おも》ってもなかったな。
この前さー
アーハハハ
あとで伊達《だて》は大阪《おおさか》に
すんでいたときいた。
伊達《だて》のしゃべりの
勘《かん》のよさは転校《てんこう》で
鍛《きた》えられたのかもな。

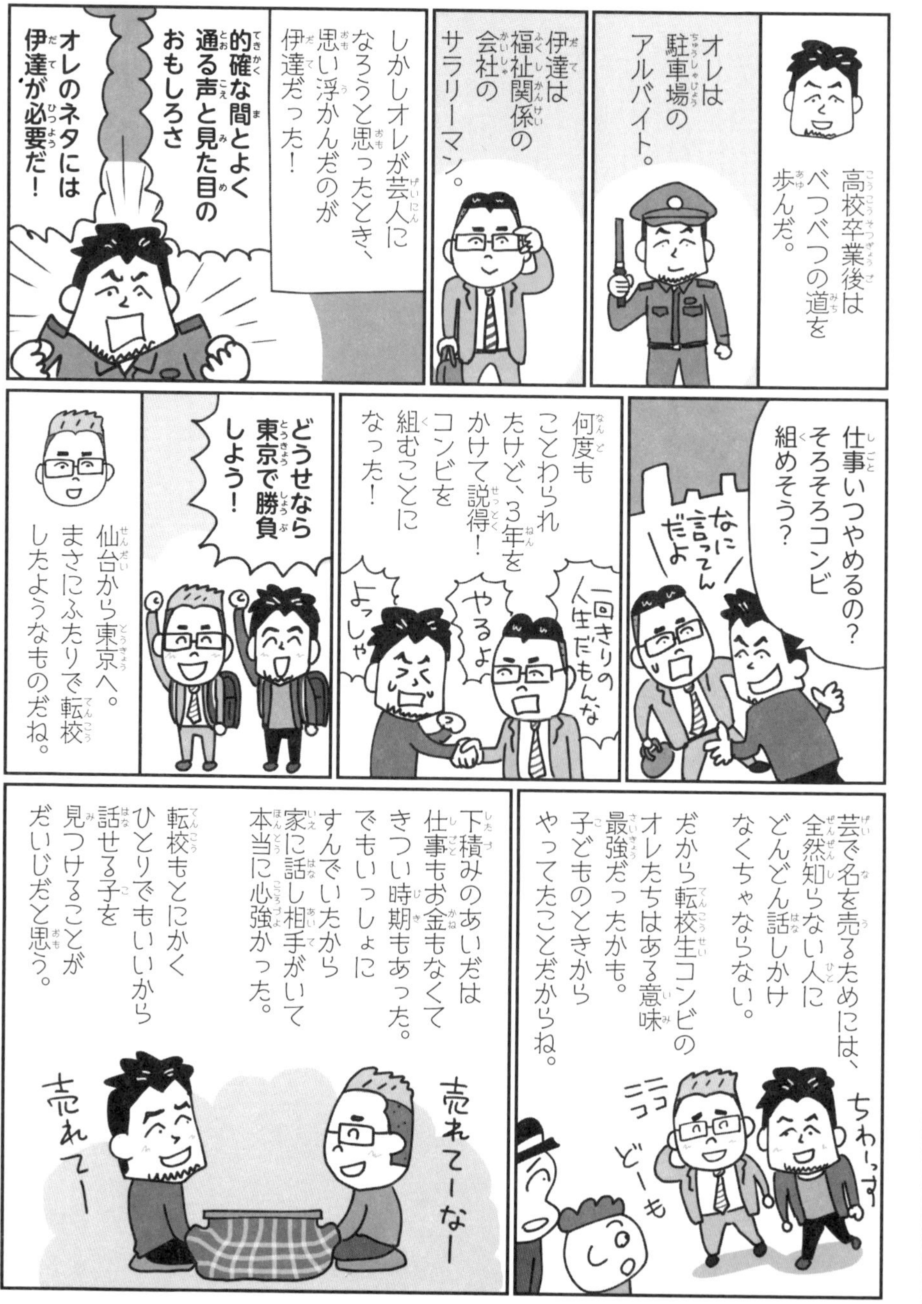
高校卒業後《こうこうそつぎょうご》は べつべつの道《みち》を 歩《あゆ》んだ。
オレは 駐車場《ちゅうしゃじょう》の アルバイト。
伊達《だて》は 福祉関係《ふくしかんけい》の 会社《かいしゃ》の サラリーマン。
しかしオレが芸人《げいにん》に なろうと思《おも》ったとき、思《おも》い浮《う》かんだのが 伊達《だて》だった！
的確《てきかく》な間《ま》とよく 通《とお》る声《こえ》と見《み》た目《め》の おもしろさ
オレのネタには 伊達《だて》が必要《ひつよう》だ！
仕事《しごと》いつやめるの？ そろそろコンビ 組《く》めそう？
なに言ってんだよ
何度《なんど》も ことわられ たけど、3年《ねん》を かけて説得《せっとく》！ コンビを 組《く》むことに なった！
一回きりの人生だもんな
やるよ
よっしゃ
どうせなら 東京《とうきょう》で勝負《しょうぶ》 しよう！
仙台《せんだい》から東京《とうきょう》へ。 まさにふたりで転校《てんこう》 したようなものだね。
芸《げい》で名《な》を売《う》るためには、全然知《ぜんぜんし》らない人《ひと》に どんどん話《はな》しかけ なくちゃならない。 だから転校生《てんこうせい》コンビの オレたちはある意味《いみ》 最強《さいきょう》だったかも。 子《こ》どものときから やってたことだからね。
ちわーっす
どーも
下積《したづ》みのあいだは 仕事《しごと》もお金《かね》もなくて きつい時期《じき》もあった。 でもいっしょに すんでいたから 家《いえ》に話《はな》し相手《あいて》がいて 本当《ほんとう》に心強《こころづよ》かった。
転校《てんこう》もとにかく ひとりでもいいから 話《はな》せる子《こ》を 見《み》つけることが だいじだと思《おも》う。
売れてーなー
売れてー

そして仕事《しごと》で出会《であ》った人《ひと》たちをひとりひとりだいじにした。
そうやって少《すこ》しずつ自分《じぶん》たちの世界《せかい》が広《ひろ》がっていったんだ。
サンドウィッチマンさん出番《でばん》です!
行《い》くか!
がんばれ、がんばれ!
パン
オレたちは転校《てんこう》があったからこそ出会《であ》えた。きみたちの未来《みらい》にもきっといい出会《であ》いがある。
ワーワー
こんにちは。サンドウィッチマンです!!
このアンケートを何で知りましたか?
お前だよお前!
つらいこともあるかもしれない。
でもそんなときこそ前《まえ》を向《む》きわらおう!
ドッ
ワハハハ
転校生魂《てんこうせいだましい》でファイトだ!

わく
わく

サンドウィッチマンのふたりからの転校生魂《てんこうせいだましい》、しっかり受《う》けとったかな? 今《いま》は人気芸人《にんきげいにん》のふたりでも、子《こ》どものころはきみと同《おな》じようにきんちょうしたり、びっくりしたりしながら転校《てんこう》をのりこえていったんだね。転校先《てんこうさき》で、ふたりみたいな出会《であ》いがあるかも。未来《みらい》はワクワクでいっぱいだ!

さらば、てんこう虫《むし》

では、ぼくはそろそろ新《あたら》しい転校生《てんこうせい》のところに行《い》かねば……
行《い》っちゃうんだ～
フフ。きみたちなら大丈夫《だいじょうぶ》さ！
なに、またこまったときは、この本《ほん》を読《よ》みかえしてごらん！
うん。わかった！
そう！それが一番《いちばん》！
環境《かんきょう》の変化《へんか》を楽《たの》しめるようになったんだね！
とにかく今《いま》を楽《たの》しむよ！
これでぼくも安心《あんしん》して旅立《たびだ》てるよ！
タタタタタッ

ありがとう！てんこう虫《むし》！
じゃあね〜！
後日《ごじつ》
あれ、転校生《てんこうせい》じゃない？
あ！しかも！ランドセルにてんこう虫《むし》がのってるよ！
ほんとだ！
よーし！転校生《てんこうせい》には親切《しんせつ》にしてやろうな
うん！

おわりに

きみはどんな学校《がっこう》へ転校《てんこう》したのかな。なじみやすい学校《がっこう》に入《はい》れた子《こ》はラッキー！

いろいろがんばったけどやっぱり合《あ》わない……、ということもあるかもしれない……！

でも、これだけはおぼえていてほしい。

どんな場合《ばあい》であっても、きみたちの未来《みらい》はひらかれているということを。

きみたちは今《いま》、学校《がっこう》を中心《ちゅうしん》に生活《せいかつ》しているから、

その人間関係《にんげんかんけい》がすべてのように感《かん》じてしまうこともあると思《おも》う。

でも実際《じっさい》は、小学校《しょうがっこう》、中学校《ちゅうがっこう》、高校《こうこう》と進学《しんがく》していくうちに、

世界《せかい》はどんどん広《ひろ》がっていって、

もっと気《き》の合《あ》う仲間《なかま》や楽《たの》しいことが待《ま》っているんだ！

だからもし、今《いま》、転校生生活《てんこうせいせいかつ》でうまくいかないことがあっても、

じっくりとのりこえていってもらいたい。

転校生生活《てんこうせいせいかつ》で、つらい経験《けいけん》も楽《たの》しい経験《けいけん》もして、レベルアップしちゃおう！

すべての経験《けいけん》がきみの将来《しょうらい》の力《ちから》になるよ。

この本《ほん》を読《よ》んで、なやんでいるきみの心《こころ》が楽《らく》になったり、
解決《かいけつ》への希望《きぼう》が見《み》えてきたりするようだとうれしい。
もし、つらい気持《きも》ちからなかなかぬけだせない、
まわりに相談《そうだん》できる人《ひと》がいないなら、
子《こ》どものための相談窓口《そうだんまどぐち》に電話《でんわ》してみるのも手《て》だよ。
ちょっと勇気《ゆうき》がいるかもしれないけど、相手《あいて》は慣《な》れているし、
相談内容《そうだんないよう》の秘密《ひみつ》は守《まも》ってくれるから心配《しんぱい》ない。
電話《でんわ》では、自分《じぶん》の名前《なまえ》や学校名《がっこうめい》を伝《つた》えなくてもいいよ。
自分《じぶん》を助《たす》けるために、一歩前《いっぽまえ》へふみだして。

・24時間子供SOS《じかんこどもエスオーエス》ダイヤル　0120-0-78310《なやみいおう》

＊受付時間《うけつけじかん》：夜間《やかん》・休日《きゅうじつ》をふくめていつかけてもOK

いじめにかぎらず子《こ》どものSOS《エスオーエス》を受《う》けとめる窓口《まどぐち》。
原則《げんそく》として電話《でんわ》をかけた場所《ばしょ》の教育委員会《きょういくいいんかい》の相談機関《そうだんきかん》につないでくれる。

・子《こ》どもの人権《じんけん》110番《ばん》　0120-007-110《ぜろぜろななのひゃくとおばん》

＊受付時間《うけつけじかん》：平日午前《へいじつごぜん》8時《じ》30分《ぶん》から午後《ごご》5時《じ》15分《ふん》まで
（12月《がつ》29日《にち》〜1月3日《がつみっか》はお休《やす》み）

法務局《ほうむきょく》・地方法務局《ちほうほうむきょく》の職員《しょくいん》、または人権擁護委員《じんけんようごいいん》が話《はなし》をきいて、
どうしたらいいかいっしょに考《かんが》えてくれる。
インターネットでの相談《そうだん》も受《う》け付《つ》けている。
http://www.jinken.go.jp/（法務省《ほうむしょう》インターネット人権相談受付窓口《じんけんそうだんうけつけまどぐち》　SOS-e《エスオーエスイー》メール）

・チャイルドライン　0120-99-7777

＊受付時間《うけつけじかん》：毎週月曜日《まいしゅうげつようび》から土曜日《どようび》の午後《ごご》4時《じ》から午後《ごご》9時《じ》まで
（12月《がつ》29日《にち》〜1月3日《がつみっか》はお休《やす》み。地域《ちいき》によっては日曜日《にちようび》もかけられる）

18歳《さい》までの子《こ》どものための相談窓口《そうだんまどぐち》。思《おも》いを話《はな》すことで楽《らく》になれるよう、
気持《きも》ちを受《う》けとめてくれる。話《はなし》をきくのは「受《う》け手《て》」とよばれる
ボランティアの大人《おとな》たち。

・通話料《つうわりょう》は無料《むりょう》。携帯電話《けいたいでんわ》（スマートフォン）、公衆電話《こうしゅうでんわ》からも無料《むりょう》。公衆電話《こうしゅうでんわ》から
かけるときは、最初《さいしょ》にお金《かね》を入《い》れて。通話《つうわ》が終《お》わるとお金《かね》はもどってくる。
・IP電話《アイピーでんわ》（050で始《はじ》まる番号《ばんごう》）ではつながらないことがある。
「子《こ》どもの人権《じんけん》110番《ばん》」は、IP電話《アイピーでんわ》からかけられる番号《ばんごう》がある（通話料《つうわりょう》は有料《ゆうりょう》）。

※電話番号《でんわばんごう》、アドレス、サービス内容《ないよう》は、2017年《ねん》11月現在《がつげんざい》のものです。変更《へんこう》になる可能性《かのうせい》もあります。

文・絵　つぼいひろき

1976年東京都生まれ。成蹊大学法学部卒業。大学在学中にはプロボクサーとしてリングに上がる。卒業後、共同印刷入社。渋谷アートスクールに入学しイラストを学ぶ。その後、共同印刷を退社、フリーのイラストレーターとなる。絵を担当した書籍に『超爆笑100連発！お笑い天国』『絶対ダマされる!! ひっかけ&10回クイズ』（ともにポプラ社）など。

監修　北川雄一

1980年生まれ。日本体育大学体育学部卒。現在、江戸川区立上小岩第二小学校、主任教諭。大学在学中から野外教育、冒険教育、ファシリテーション等を学び、それらを生かしたクラスづくり、授業づくりに力を入れている。

編集協力　長井亜弓

作画協力　ちいなみこ

参考書籍　『最新ひと目でわかる全国方言一覧辞典』（江端義夫ほか・編、学習研究社）

スペシャルサンクス（五十音順・敬称略）

イージェイ / えり / かっしん / けんちゃん / さっちゃん / サンドウィッチマン / しかちゃん / つぼっち / なかむー / のんちゃん / 日影工房どっぺる / まいきち / まっちー / ゆきお / よしいた / 龍さん / E.Y. / H.Y. / K.K. / M.A. / maimai / M.M. / Rui / Y.K. / yuqi

〔ききめ〕
おなやみ解決・はげまし

なやみと～る

1 友《とも》だち関係《かんけい》のなやみ
2 恋愛《れんあい》のなやみ
3 転校生《てんこうせい》のなやみ
4 運動《うんどう》のなやみ
5 ネット・SNSのなやみ
〈全5巻〉

なやみと～る ③　転校生のなやみ

2018年3月15日　第1刷発行
2020年3月15日　第2刷発行

文・絵　つぼいひろき
監修　北川雄一
発行者　岩崎弘明
編集　増井麻美
発行所　株式会社岩崎書店
〒112-0005 東京都文京区水道 1-9-2
03-3812-9131（営業）03-3813-5526（編集）振替 00170-5-96822
印刷所　三美印刷株式会社
製本所　株式会社若林製本工場
装丁・本文デザイン　吉沢千明

Published by Iwasaki Publishing Co., Ltd. Printed in Japan
NDC159　ISBN 978-4-265-08603-0

●ご意見・ご感想をお寄せください。 E-mail info@iwasakishoten.co.jp
●岩崎書店ホームページ　http://www.iwasakishoten.co.jp